L'OPUSCULE DES SONGES

Flavye BORYS

L'OPUSCULE DES SONGES

NOUVELLES EN TOUS GENRES

© 2015 Flavye Borys

Illustration : Flavye Borys

Edition : BoD - Books on Demand
12/14 rond-point des Champs Elysées
75008 Paris
Imprimé par BoD – Books on Demand, Norderstedt

ISBN : 978-2-3220-1416-3
Dépôt légal : Février 2015

Je trempe ma plume dans l'encre de mes pensées…

1.

Le Monument des lèvres closes

Le Monument des lèvres closes

On ne survit pas toujours au jeu de la syncope. Moi le premier. Et ma mémoire s'en souvient très bien. Une fois de l'autre côté du miroir, notre corps n'est qu'association d'éléments et de chair sans vie. J'arrivais là, dans cette espèce de grand capitole, me demandant si c'était ça le paradis. Il n'en était rien. J'étais comme dans un rêve, mais j'étais mort. Je me suis dit que ça allait durer un certain temps alors autant profiter du voyage pleinement. C'était un tout autre monde que celui de la réalité : grand, beau, lumineux, empli de silence, et serein. J'avançais sur cette terre inconnue, qui allait désormais être la mienne...pour l'éternité. Arrivé au milieu de la place, plusieurs chemins s'offraient à moi. Je n'en revenais pas : même mort, il fallait faire des choix. J'optai pour la seule direction en pente, niveau prise de risque je ne risquais plus rien, et surtout plus ma vie. Alors autant foncer. Je glissais, et semblais m'enfoncer dans les ténèbres. Au lieu de ça, pas de flammes, pas de chien à trois têtes, juste une grande pièce comme les autres où se mélangeaient des phrases, comme un immense livre ouvert. Ou comme l'intérieur d'un cerveau dévoilé. Le mien, en l'occurrence. Je m'étais aventuré dans mes pensées. Toute mon âme était ici contenue, en un vrai déluge de souvenirs. Et, parmi toutes ces phrases, une retint mon attention. Une à l'origine de mon arrivée ici. À l'origine de tout. Alternative à la roulette russe, à défaut de flingue, on avait toujours son corps à disposition : "On ne survit pas toujours au jeu de la syncope". Dieu que j'ai été con d'y jouer.

Regardant au-dessus de moi, je vis trois soleils alignés. Ils portaient tous trois une couronne et une étoile au-dessous d'eux, et brillaient de mille feux, à presque m'en aveugler. Comme un éclair dans l'azur, ils dominaient l'endroit. Tout s'était transformé : les phrases n'étaient maintenant qu'étoiles, mes pensées étaient telle une galaxie. Je compris alors que ces trois soleils traduisaient les trois chances de ma vie, un peu comme au casino. Et je les ai avais toutes jouées. Derrière eux, je pus apercevoir une mince ligne de lumière, un peu comme la lumière au bout du tunnel que l'on est censés voir à la fin. Moi, je n'ai rien vu, je voyais juste à cet instant l'opportunité d'une évasion propice, de cet endroit. Je voulais retourner d'où je venais, sortir de ma tête. À l'ombre des statues, je paraissais vivant mais je ne l'étais plus. Et entre être ou paraître, se posait là une véritable question.

    Je réussis à me libérer de cet enfer intellect, et y parvenant j'eus changé de "monde". Je voulais repartir d'où je venais et j'avais atterri sur ce bateau pirate. Je ne sais ni comment, ni pourquoi, mais j'étais au milieu des matelots. Enfin, de ce qu'il restait, je suppose que les autres s'étaient enfuis avant que le bateau ne sombre dans les limbes. Il ne restait ici que les plus fidèles : deux matelots, un commandant et un capitaine. Celui-ci faisait les cent pas sur le ponton, scrutant l'horizon, son fusil à la ceinture, comme s'il craignait encore une attaque par ici. Tous avaient eu le courage de risquer leur vie pour la piraterie, bravant la mer, luttant contre la brise, non sans l'ivresse de l'aventure…et des bouteilles de rhum. Le capitaine avait gardé son regard lointain, imperturbable, au grand dam de la libellule qui s'était aventurée devant ses yeux, mourant impitoyablement écrasée entre ses phalanges. Ni lui, ni aucun des matelots n'avaient prononcé mot, et pour cause, arrivés en ce « monde », tous perdaient la parole. Je me surpris moi-même à ne plus pouvoir parler, depuis tout ce temps, je ne faisais que penser. Une fois morts, leurs lèvres ne faisaient plus qu'une, les soudant et éteignant à jamais leur voix : on les appelait les lèvres closes. Et j'étais désormais un des leurs. Alors que le commandant hissait les voiles, j'en profitai pour m'éclipser en sautant du ponton dans ce qui semblait être la mer, mais qui vraisemblablement n'en était pas.

    Après un trou noir, je me retrouvai au point de départ, là où la fin de ma vie avait commencé : dans le grand hall sous le capitole. Décidément, toutes les routes menaient à ce même endroit ; certes, on pouvait visiter, passer par des impasses, rallonger le voyage en faisant des détours et en profitant d'autres paysages, mais cela mènerait toujours à la place où je me trouvais. Tous les chemins ont la même issue, aussi fatale et incontournable soit-elle. Un peu comme la vie.

2.

Belle Egypte

Belle Egypte

Il est des devises dans tout royaume. Chaque roi a ce blason qui le définit, chacun de ses mots est pesé et fait de lui ce qu'il veut être pour son peuple. Chaque roi a sa devise. La sienne aurait pu être la suivante : « Séduire pour mieux régner ».

Elle était de ces femmes que l'on ne peut oublier, de celles qui marquent le monde à jamais. Elle est LA femme du monde. Non mécontente de dominer les hommes, elle domine de surcroît la gente féminine. Nulle mortelle ne peut l'égaler, elle exerce un pouvoir qui réduit au mutisme le genre humain, dès le premier regard.
A 20 ans, elle règne déjà sur l'univers, sans même le savoir. Belle, intelligente, vénale, manipulatrice, charmeuse. Bref, une vraie femme. Authentique. Elle est la charmeuse et moi le serpent qu'elle fait danser à sa guise.

Aussi, je ne m'étais jamais soumis à aucune femme, jusqu'à cette rencontre. Rencontre aussi particulière qu'époustouflante. Habillée d'un tapis d'Orient, elle m'est apparue, telle Isis déployant ses dorures. La Beauté était là, devant moi. Je n'avais encore croisé son regard que, déjà, j'en étais amoureux. Son corps sublime, ses formes gracieuses. Ses hanches qui ondulent comme le courant du Nil. Parfaite.
Elle était vêtue d'or et sa chevelure ébène réduisit mon cœur en cendres. Elle avait les yeux couleur émeraude et son regard en disait long sur ses ambitions. Profond, intense. Perçant. En me noyant dans cet océan, je lui donnais l'autorisation d'accéder à tous ses désirs. Elle est venue à moi comme la grâce vient à l'ange. Je venais de découvrir la huitième merveille du monde.
Je sus d'avance que j'étais condamné, et que, dès lors, elle faisait ce qu'elle voulait de moi. Et elle le fit. Mais elle est sans scrupules. Elle te veut, te trouve et te possède. Elle en fait ce qu'elle veut, le monde et les hommes lui appartiennent. Elle les domine comme elle

m'a dominé, moi. Grâce aux hommes, elle peut tout contrôler. Et ça, elle l'avait bien compris avant moi. De par ses charmes, elle m'a enrôlé, elle me dirigeait comme elle dirigeait le monde, par le bout de son nez. Sa beauté m'a rendu aveugle, mais mes sentiments, eux, m'ont absolument crevé les yeux. Je lui ai offert la planète entière en gage d'amour. On était unis à jamais.

Les hommes jaloux la haïssent. Ils voient en elle une menace, pour notre royaume, pour l'humanité. Toutefois, ils n'y peuvent rien. Je sais qu'au fond d'eux-mêmes, ils la désirent. Qui oserait rester insensible à ses attraits ? Les hommes n'ont point cette capacité.
Et cette femme en est consciente. La séduction est pour elle une arme lui servant à atteindre ses objectifs. Elle envoûte, elle obsède, elle manipule. C'est grâce à cette rencontre que j'ai compris que les femmes étaient venues sur Terre afin de manipuler les hommes. C'est son délassement favori. Elle n'a aucune limite, elle est prête à tout. Je n'ai jamais vu aucune détermination d'une telle envergure. Avide de pouvoir, elle sait comment s'y prendre pour avoir le contrôle sur tout. Elle dépend des hommes et, pourtant, c'est la femme la plus indépendante que je n'aie jamais connue. Elle gère son royaume d'une main de fer, et n'avouera jamais ouvertement ses faiblesses. Elle n'a jamais eu besoin de personne, tout en ayant besoin de moi. Elle est venue réclamer mon aide et m'a subjugué en connaissant d'avance ma réponse. Elle avait tout prévu, tout était planifié à l'intérieur d'elle-même, c'est ce qui fait son indépendance si remarquable. Et ce qui la rend d'autant plus désirable. Je n'ai jamais ressenti autant d'attirance pour une femme.

Elle est magnétique, hypnotisante. Elle est faite d'or et de préciosités. C'est une œuvre d'art qui se suffit à elle-même. Elle m'a effleuré comme une brise d'été effleurerait mes joues. Elle m'a empli le corps d'une chaleur venue d'Orient et réveillé en moi des sentiments insoupçonnés, des choses qui ne sont pas susceptibles d'être ressenties ici-bas. Une véritable vague de désir m'a envahi, me laissant tantôt, tenter par le diable, et détachant tantôt mon regard de ces voluptés corporelles. Il était inconcevable que je m'abandonne à elle, et pourtant, n'importe qui l'aurait fait.

Je ne me reconnaissais plus, un homme de mon envergure ne laisserait pas une femme inconnue le soumettre ainsi. Il n'y a que les immortelles qui sont capables d'un tel exploit. J'allais être la victime de ce sacrifice. Le pantin entre ses mains.

J'ai vu tout ce que l'Egypte a de plus beau. Elle m'a offert son corps, son cœur, ses rêves et m'a conquis. Elle est ma plus belle victoire. L'esclave est à son maître ce que moi, je suis à cette Reine. Elle est la gloire de son père ; ma gloire tout court, qui possède un nom : Cléopâtre.

3.
La Confession silencieuse

De la lumière ne sort rien de vraiment bon, à part la nuit. Ah la nuit…le meilleur moment de la journée, selon moi. Oui. Là où les gens peuvent se montrer sans être vus. Telle une libération, j'attends la nuit toute la journée. Enfin la plénitude, le sentiment de pouvoir faire ce que je veux sans être épié, dévisagé. La nuit maîtresse des lieux, sans un mot je me confesse à elle, ne fais plus qu'un en osmose avec les étoiles. Je suis comme un homme de famille qui ne souhaite qu'une chose : voir la fin de la journée apparaître pour espérer rentrer chez lui et retrouver sa famille, et souffler d'un souffle de délivrance. Voilà : à la tombée de la nuit, je souffle.

Je me pose, m'empare d'une bouteille de vin de premier prix, mais tant pis pour ce soir ça fera l'affaire. Je goûte aux plaisirs de la nuit en examinant le butin gagné aujourd'hui…comme d'habitude, pas grand-chose mais c'est toujours ça de pris. Sans penser au lendemain, je profite de ma solitude pleinement. Au moins, j'ai l'avantage de savoir de quoi sera fait demain : c'est comme si c'était tous les jours aujourd'hui, je sais très bien que rien ne changera en une nuit, un miracle n'y ferait rien. Je me réveillerai et serai encore forcé à affronter ce qui s'offre à mes yeux. Le réveil ramène toujours à la dure réalité de la vie - si on peut encore appeler ça une vie. Une fois encore, subir ces regards, ces remarques, ces indifférences, ces intrigues, enfin, toutes les émotions possibles et connues à ce jour qui défilent en me voyant. Autant, ce fut un réel problème de honte et de pitié au début, autant maintenant, je n'y prête même plus une once d'attention. Car on perd sa dignité là-dedans.
Quelque fois, à l'inverse, j'apparais comme transparent, inconnu à tout public, et je dois avouer que certains jours, cela ne me déplaît pas. De toute façon, que les gens me remarquent, portent un regard furtif ou soit complètement impassibles, je ne suis qu'un déchu de la vie parmi tant d'autres que leur mémoire effacera plus vite qu'elle m'a aperçu. Alors, une fois le soleil couché,

j'oublie ces gens et ces visages, je prends goût au bonheur du ciel obscur et de la lune scintillante. Pas d'étoiles ce soir.

Fatigué de ce quotidien, je bois une dernière gorgée de vin, et m'allonge sur ce qui me sert de lit (voire déjà de tombe), les paupières tombantes. Je prends un dernier rêve avant de m'assoupir. Demain, j'irai me poster de l'autre côté de l'arbre pour mendier, j'ai entendu dire qu'il ferait beau et le soleil brille toujours plus fort de l'autre côté. Même pour un clochard comme moi.

Toujours ces mêmes habitudes, ces mêmes gestes, cette même vue, mais des visages constamment différents. Comme prévu, le soleil était là.

J'en ai vu des foules de personnes traverser ce parc, des foules de regards, et pourtant, cette femme a réussi à retenir mon attention. Un moment furtif qui a figé le temps. Elle était grande, fastueuse et élégante. Sa silhouette errante luttait contre la brise montante. Un rayon de soleil qui se détachait de tous les autres. Elle s'était arrêtée dans mon champ de vision comme un livre ouvert au hasard, en plein dans le chapitre du bonheur. Mais comme tous les autres, elle n'en avait que faire des litanies de mendiant, et passait devant moi telle une fugitive, sans même se douter de ma présence, ne prêtant aucune attention à mon désespoir, à mon allure perdue et mon visage sans distinction d'âge. Elle fut pour moi un espoir de joie et de beauté éphémère. Mais ça non plus elle ne l'aura remarqué. Pour cela, ce jour ne ressembla à aucun autre. Un jour sans pluie, certes, mais cela arrivait fréquemment en ce moment, juste l'illusion de la joie partout présente qui ne me remplissait pas totalement de bonheur, mais juste assez pour trouver la force de survivre jusqu'à la prochaine nuit. Et peu importe si cette joie n'était vraiment qu'une illusion ou bien réelle, j'y ai cru. Mêmes les roses des jardins avaient l'air de sourire. C'est en me surprenant à esquisser un sourire moi aussi que je me suis rendu compte que tout ça était complètement idiot.

    Le jour tombe, la nuit se lève, et une fois de plus, je finis en tête-à-tête avec ma misère. Le soleil couché, je n'ai plus à me cacher. L'obscurité reprend sa confession tandis que moi, je reprends ma bouteille et profite de la vue du ciel étoilé ce soir-là, en trinquant avec l'arbre d'en face, mon chez-moi depuis longtemps maintenant. De la lumière ne sort rien de vraiment bon, seulement des regards méprisants ou des ignorances. Elle dévoile à tous la bêtise des gens.

    J'aimerais que le jour ne se lève plus, que la nuit demeure à jamais...en effet, qui voudrait d'un mendiant dévoilé au grand jour au milieu d'un parc à la magnificence opposée ? Je préfère rester dans l'ombre.

4.

Le Joueur

La vie est un éternel terrain de jeu. On ne sait jamais sur quelle case on va tomber, ni quand, ni comment.

Le réveil fut difficile ce matin. La partie d'hier ne m'avait laissé aucun répit. Tel un joueur de poker alors que je n'y connais rien, je me suis fait prendre à mon propre jeu.
Tel un adulte alors que je ne suis encore qu'un adolescent, je me suis fait avoir par le sens de la vie. Ça m'apprendra à vouloir jouer dans la cour des grands.
Que va-t-il encore m'arriver aujourd'hui ? Je ne le sais, et le 1er tour ne saurait tarder. Alors je profitai de ce moment de solitude pour apprécier la rosée matinale. Celle-ci n'eut d'autre réponse que de me renvoyer mon reflet alors que je m'approchais des rosiers délimitant le parterre où je m'étais assoupi. Cette vision me repoussa, ai-je autant changé en si peu de temps ? Pas question de réfléchir à tout cela, déjà le sol tremble sous mes pieds, cet affreux cube blanc tacheté vient de rendre son verdict. Ça y est, la partie reprend. Ma Conscience me fit avancer à travers ces ronces et ces grands arbres, bien trop grands pour que je puisse deviner la couleur du ciel. Je m'arrêtai, mon tour était terminé. Devant moi, un petit rocher, il sembla qu'une jeune fille y était assise. Entre ses mains, une rose, dont elle s'amusait à arracher les pétales un par un.
- Qui es-tu ? lui demandai-je d'un air méfiant.

Un silence. Pesant.
- Le coup de foudre, me répondit-elle en se retournant.
Une fraction de seconde, je vécus dans la peau d'un aveugle. Je fus littéralement ébloui par tant de beauté et de douceur. Elle m'a souri, c'était comme si je l'avais toujours connue.
Le trouble dissipé, je m'approchai de la créature.
Elle recula prudemment. Je n'avais pourtant pas l'impression d'être si maladroit.

Je retentai ma chance avec un sourire qui (du moins, je le pensais) laissait entrevoir ma sincérité et mon désir de la toucher. Mais plus j'avançais, plus elle s'éloignait. Et tandis qu'elle me fuyait, la rose entre ses mains perdait de sa robe rougeâtre. Dénuée de tout pétale, je relevai les yeux vers ceux de celle qui venait de la faner, et tel le chat du Cheshire avec Alice, elle disparut je ne sais où, je ne sais comment, me laissant seul avec mon désespoir pour compagnon de route…
Alors c'est ça le coup de foudre ? Ça repart aussi vite que c'est arrivé ?
Je devais être tombé sur la case « premier amour ». C'est à croire que je n'ai jamais eu de chance au jeu, encore moins à celui de ma propre vie.

    Nouveau tremblement de terre, ma Conscience a joué. Je n'eus plus la force d'avancer et pourtant, il le fallait. Passé le pont qui enjambe le petit ruisseau, je stoppai déjà. Petit score. Personne à l'horizon, toujours ces rosiers autour de moi et le calme plat de mon désespoir. J'attendais le prochain tour lorsque surgit une main depuis les plantes vertes (Venaient-elles d'apparaître ou étais-je vraiment fou ?…). Elle me tendit quelque chose de verdâtre, assez mou au toucher. De la nourriture. Ce n'était pas grand-chose, mais j'acceptai. Après tout, pourquoi pas, un peu de douceur me ferait le plus grand bien. La main se retira tandis que je goûtai ce qu'elle venait de me remettre. Pas désagréable comme amuse-bouche. Quand une envolée soudaine de dizaines d'oiseaux me fit sursauter. D'abord parce qu'ils se sont envolés juste devant mes yeux, et puis parce que je n'avais encore jamais vu d'oiseaux par ici. À vrai dire, il n'y en avait jamais eu, j'en étais certain. De même que ce canard qui marchait à côté de moi tout en me regardant avec insistance. Je ne pouvais pas être fou, tout ceci devait encore être un sale coup de ma Conscience.

Lorsqu'au loin devant, un épais brouillard m'empêcha de voir où j'avançais. Je m'arrêtai quand je crus apercevoir

une ombre à travers cette brume. En moins de temps qu'il n'y fallait pour que j'en prenne conscience, l'ombre était devant moi. Je reconnus le visage de la jeune fille qui m'avait échappée juste avant.
- Tu es passé de l'autre côté du pont, murmura-t-elle. Tu es passé de l'autre côté de la vie.

Pourquoi donc me disait-elle tout ça ?
À peine avais-je tendu la main pour la toucher que son visage changea et redevint ombre.
Je n'y comprenais plus rien. Autour de moi des serpents, des vagues, des oiseaux … Plus de rosiers, d'arbres ou de ruisseau. Même mon désespoir avait disparu. J'avais complètement changé de scène. Et ce canard qui me suivait toujours.
Mes sens étaient décuplés, j'entendais les moindres sons inaudibles en temps normal et, mieux, je parlais avec ce canard. Je comprenais le moindre mot de ce qu'il me disait, c'était insensé.
Des hallucinations. Cette nourriture n'en était pas, j'en suis maintenant certain. Fut-elle subtilisée par une sorte d'opium ou autre haschich (parce que ça y ressemblait), peu importe. Une vague de chaleur et de bien-être m'envahit. Le monde tournait autour de moi, les serpents affluaient, le canard ronronnait quand je le caressais.
Une sorte de délire s'installa en moi, les serpents venaient à mon cou et l'entourèrent, je paniquai dès lors que je compris qu'ils tentaient de m'étrangler. Ma vision se brouilla et alors que je voulais reprendre ma respiration par tous les moyens, l'ombre réapparut devant mes yeux et mon ouïe surdéveloppée perçut ces sons :
- Tu as joué … tu as perdu.

L'ombre s'était assoupie sur moi, ou alors étais-je vraiment dans le noir. Je me relevai, apparemment libéré de cette drogue. Les rosiers avaient repris leur place, les grands arbres m'empêchaient à nouveau de voir le ciel. Cependant pas de ruisseau ni de quelconque pont. Retour en arrière. J'avais dû tomber sur la case « danger

de mort ». Ma Conscience avait trop joué, et quand on joue trop avec sa vie, on retourne toujours seul à la case départ. C'est là où je me trouvais en ce moment. À la case départ du plateau.
Je n'ai plus qu'à recommencer une nouvelle vie.
      C'est alors que je sentis un poids sur mes épaules. Le poids de ma vie. Je portais désormais cet énorme dé blanc tacheté légué par ma Conscience, comme le fardeau de mon existence.
Tel Sisyphe roulant sa pierre, je porterai ce poids pour le reste de l'éternité.
Le sort de ma vie est entre mes mains, c'est l'heure de débuter une nouvelle partie.

      La vie est un éternel terrain de jeu ; le problème, c'est que je n'ai jamais eu de chance au jeu.
Allez, lance le dé.

5.

Les Promeneurs

- Liz ! Liz ! Une lettre pour toi !

Une de plus. Enfin, elle était arrivée. C'était le moment qu'Elizabeth guettait le plus dans la journée, l'étincelle qui l'illuminerait. Elizabeth descendit quatre à quatre l'escalier central de sa demeure et accourut vers la porte d'entrée où se tenait sa mère, une enveloppe à la main. Comme deux à trois fois par semaine, Elizabeth la lui prit des mains avec un large sourire qui s'étendait bien au-delà des oreilles. Elle remercia sa mère avec un baiser sur la joue et courut en direction du jardin, là où le soleil resplendissait par ces beaux jours d'été. Elle s'installa sur le banc au pied du saule pleureur, et toisait l'enveloppe avec envie.

Elizabeth recevait des lettres plusieurs fois par semaine, depuis deux mois, d'un prétendu Philippe. Il était un cousin éloigné de la famille et l'avait rencontrée au bal organisé par les Domont. Elle reçut une lettre qui en témoignait et qui lui faisait part de son coup de foudre. Depuis ce jour, elle en reçut d'autres, toutes plus enflammées les unes que les autres. Elizabeth était tombée sous le charme de ces mots et avait entretenu cette relation épistolaire. C'était une jeune fille d'à peine vingt ans qui n'était pas d'un romantisme affirmé mais qui aimait séduire. Et savoir qu'elle plaisait autant à un homme augmentait son intérêt. Alors, à chaque nouvelle lettre, Elizabeth ne pouvait s'empêcher d'esquisser un sourire et s'imaginer quelles déclarations la feraient succomber cette fois-là. Et elle savait déjà ce qu'elle allait lire à ce moment-là. Autant qu'elle l'appréhendait.

Le soleil dans les cheveux, elle décacheta soigneusement l'enveloppe du bout de ses doigts rosés par l'excitation. Elle en délivra le contenu et lut avec empressement. Elle confirmait ses doutes. Elizabeth balayait les mots, le visage impassible. Elle ne savait si elle devait se réjouir ou avoir peur. Pour la première fois, elle réalisa que c'était concret : il souhaitait la revoir. Elle qui avait tant espéré ce moment en venait maintenant à le redouter. Elle avait peur que ce soit réel. Peur qu'enfin, tout ça ait un sens. Mais elle l'aimait tellement... Oui, elle était tombée amoureuse de ses flatteries. Alors, elle chassa ses doutes et ses craintes d'un sourire, pour laisser place à la vision de cette rencontre. Elle voyait déjà en lui les traits fins et virils à la fois d'un homme riche, distingué et plein d'éloquence. Après s'être mordillé la lèvre de bonheur, elle se jura d'y aller et s'empressa d'en faire part à sa mère. Après tout, elle ne pouvait rien y perdre.

Mme Ladry se montra fort fière de ce rendez-vous et encouragea d'autant plus sa fille qu'il faisait déjà partie de la famille, détail qui lui éviterait de mauvaises surprises. Philippe était un cousin de la famille de son père, discret et bel homme malgré lui. Sa mère était comblée de voir que sa fille plaisait autant et gardait une certaine prétention à se dire que ce côté séduisant venait d'elle.

Alors qu'elle était plongée dans ses pensées, sa fille était déjà à l'étage, essayant toutes ses robes et se demandant laquelle lui siérait le mieux pour cette occasion. Elle voulait être celle dont Philippe se souviendrait toute sa vie. Elle voulait être plus lumineuse encore que les rayons du soleil. Philippe lui avait donné rendez-vous ce jour même, dans l'après-midi, au jardin de la ville. Elizabeth aimait y passer ses journées à lire au gré de sa verdure, qui laissait filtrer le soleil telle une aura. C'était un endroit charmant et parfait pour deux passionnés voulant se retrouver.

Après des heures passées à se tâter, elle avait enfin trouvé comment lui plaire. Elle déjeuna avec sa mère à la table du jardin et lui fit part de ses sentiments.

- J'ai tellement hâte de le rencontrer ! Tu imagines que nous étions tous deux au bal des Domont et que l'on ne s'est jamais croisés ? Et pourtant il se souvient de moi comme si l'on ne s'était quitté des yeux.

- C'est que tu marques les esprits ma fille, et cela ne m'étonne guère que tu sois si charmante, rétorqua sa mère pleine d'hautaineté.

- Mais un homme de cette envergure... Beau, élégant et distingué... et avec une confortable situation financière, n'est-il pas ?

- Je ne connais que de très loin la famille de ton père, mais dans mes souvenirs, ils n'ont jamais manqué de rien, lui assura sa mère.

Elizabeth était heureuse, et souriait naïvement à un avenir prometteur.

- Il a l'air tellement gentleman. Tout de même, je n'ose avouer une certaine appréhension. Et si je ne lui plaisais pas ? s'enquit-elle.

- Ne te fais pas de mauvais sang pour rien Liz, la rassura sa mère. Tu lui as plu une fois, tu lui plairas les mille autres fois, je peux te l'assurer.

Après avoir repris confiance en elle, et avalé une tasse de thé, Elizabeth prit conscience qu'il était temps de partir. Elle salua sa mère, posa un couvre-chef sur sa chevelure brune et se mit en route.

Le jardin n'était pas très loin, on y accédait facilement par les sentiers des vignes, nul besoin de diligence pour cela. Elizabeth profita du chemin pour se demander comment elle reconnaîtrait Philippe. Est-ce qu'elle tomberait nez à nez avec lui, au détour d'un arbre ? Ou bien serait-il assis sur un banc, un chapeau à la main, l'attendant galamment, le regard lointain ? Elle n'eut le temps de s'y préparer que déjà, elle entrait dans le jardin. Elle avançait prudemment, à l'affût du moindre regard. C'était assez calme, la foule n'était pas au rendez-vous, cependant juste assez pour ne plus voir un seul coin de banc libre. Elizabeth continua son chemin, scrutant toujours les alentours. Ils ne regorgeaient que de couples s'enlaçant, de mères grondant leurs enfants, de filles assises sur l'herbe qui riaient. Et autour, la verdure. Rien d'autre que la verdure et les floraisons. Elizabeth se sentit totalement déçue. Mais peut-être était-elle juste un peu en avance ? Après tout, elle venait d'arriver. Alors elle attendit, postée entre les arbres. Lors d'un coup d'œil furtif, elle crut l'apercevoir : adossé à un arbre, vêtu de

noir, la silhouette élancée…et il se retourna. Rien d'autre qu'un homme désespéré en compagnie de sa bouteille. Simple illusion. Ne nous est-il jamais arrivé de vouloir quelque chose à un tel point que nous l'apercevons à chaque coin de rue ? Une autre fois, un homme à la carrure plus imposante effleurait l'herbe de ses pas, bien trop pauvre. Simple touriste.
Après dix minutes à attendre sans nouvelles, Elizabeth sentit quelqu'un s'approcher.

- Oui, le jour finit bien par tomber, inutile d'en attendre la preuve ainsi.

Une voix masculine s'échappait par sa gauche. Elizabeth tourna la tête comme dans un réflexe : le touriste, la voyant seule, était venu l'aborder, et lui souriait malicieusement. Encore une déception. Et quel culot !

- Veuillez m'excuser, mais je n'ai aucun compte à vous rendre, Monsieur. Maintenant, excusez-moi, lui répondit-elle d'un air faussement poli, avant de se retourner et de prendre congé.

Alors qu'elle s'éloignait, le touriste la rattrapa et la supplia d'un air confus.

- Veuillez me pardonner Madame, j'eus été maladroit. Je voulais juste vous parler, être drôle…une aussi belle femme que vous ne devrait pas attendre seule un homme qui ne la fera qu'espérer…

- Là, vous devenez odieux ! s'indigna-t-elle. Que savez-vous de ma vie, je vous prie ?

- Eh bien, comme je le suggérais, je suppose que vous n'êtes pas là pour attendre le coucher du soleil. Et une bonne amie vous tiendrait déjà compagnie. Alors que reste-t-il si ce n'est un homme ?

Elle resta muette et détourna le regard. Il essayait par tous les moyens d'attirer son attention, de se rendre un minimum captivant aux yeux de cette inconnue.

- Ecoutez Madame, je ne voulais vous importuner, j'en suis confus. Laissez-moi juste une chance de vous parler, insista-t-il.

Il avait l'amère impression de parler dans le vide, Elizabeth ne lui décrocha pas un seul regard et continuait de scruter l'horizon à la recherche de Philippe, dans l'espoir que le touriste se lasse. Si Philippe la voyait comme cela, en compagnie d'un autre homme, qu'allait-il penser ? Comment allait-elle pouvoir expliquer cela ? Cet homme devait partir.

- Pouvons-nous au moins nous balader ? proposa-t-il.

Elle marcha droit devant elle et lui se tenait à côté. Ils n'étaient que de simples promeneurs parmi les autres. Elizabeth pensait à un tas de choses. Et se demandait de plus en plus si elle n'avait pas été trop naïve. Elle s'attachait trop vite aux gens et avait pour habitude de leur faire confiance un peu trop rapidement. Et cela semblait se répéter avec Philippe. Elle ne l'avait toujours pas aperçu et commençait à perdre espoir. Tandis que le touriste continuait de marcher à ses côtés.

- Oh ! pardonnez mon impolitesse, pensa-t-il soudain en ôtant son chapeau, je ne me suis même pas présenté. Je m'appelle Arthur.

Elizabeth lui lança un regard furtif et continua sa route.

- Puis-je vous demander à mon tour votre nom Mademoiselle ? – il sembla hésiter - Ou Madame ?

- Mademoiselle, rétorqua-t-elle piquée au vif. Elizabeth.

Elle se tourna et se courba comme pour le saluer.

- Eh bien Mlle Elizabeth, insista-t-il, j'ai cru apercevoir un sourire sur votre visage, j'en suis ravi.

- Vous êtes très malin, renchérit Elizabeth.

Pourquoi ne pas s'ouvrir un peu à lui, pensa-t-elle, puisque, jusqu'ici, il est le seul à qui elle peut porter compagnie.

- J'aimerais savoir, si ce n'est indiscret, ce que vous faites seule dans ce jardin, là où tout le monde se retrouve ? osa-t-il lui demander.

Elizabeth baissa la tête.

- Pour maintenant, je pense qu'il n'est plus utile de le cacher. Vous-même l'avez deviné, je devais aussi retrouver quelqu'un. En l'occurrence, j'attends un homme.

- Rendez-vous quotidien en cachette ?
- Je ne me permettrais pas, dit-elle indignée. Non, à vrai dire, on ne s'est jamais rencontrés. Lui me connaît mais on n'a fait que correspondre.
Elle rougit, gênée.
- Et comment pensez-vous pouvoir le reconnaître ?
- Eh bien, je suppose qu'il m'attendra et alors je saurai que c'est lui. Mais, apparemment, j'ai dû exagérer son enthousiasme à mon égard, dit-elle déçue.
- Vous m'en voyez désolé, lui répondit-il confus.
Elizabeth redressa la tête et esquissa un sourire.
- Ce n'est rien, assura-t-elle. Et vous donc ? Je pourrais vous retourner la question. Que faites-vous seul dans ce jardin, là où tout le monde se retrouve ? imita-t-elle d'un air malicieux.
- Il se trouve que, moi aussi, j'attends quelqu'un. Une femme, pour ma part, badina-t-il. Mais, contrairement à vous, si vous me le permettez, je la connais alors ce devrait être moins contraignant.
- Oh. Votre épouse ?
- Non, je ne suis pas marié. On se connaît depuis peu mais on se plaît déjà beaucoup, et on s'entend très bien, dit-il, hébété. C'est une femme d'une rare beauté.
- Vous êtes un homme chanceux ! approuva Elizabeth.
- Oh, je le crois oui. Elle est drôle, intelligente, coquette et très cultivée.
- Vous avez l'air de bien la connaître.
- Plus qu'elle ne le pense, en effet, rétorqua-t-il d'un air songeur.
S'en suivit un long silence où tous deux parlaient à leurs pensées. À leur grande surprise, c'est Elizabeth qui rompit le silence.
- Et vous vous voyez souvent ici ? Vous et votre amie.
- Oh, cela fait plusieurs mois que je ne suis sorti me balader. J'adore ces jardins, mais depuis le bal chez les Domont, je n'y suis, hélas, guère retourné.

Elizabeth tourna la tête et le fixa des yeux.
- Vous étiez au bal des Domont ?
Elle semblait perplexe et comprit enfin. Elle se sentit rougir.
- Je suis confuse, je…euh…ne savais pas, bafouilla-t-elle.
Il sourit bêtement comme pour la pardonner.
- Je ne puis vous en vouloir, c'est la surprise du premier rendez-vous, ironisa-t-il.
- Mais…mais ce n'est pas possible. Vous vous appelez Arthur…
- Philippe, la coupa-t-il. Je m'appelle Philippe Domont, en réalité. C'est ma famille qui a organisé le bal. Arthur est mon deuxième prénom, je l'utilise souvent la première fois que je rencontre les gens…c'est une sorte de carapace, je reste ainsi sur mes gardes. Et puis, vous faire garder le suspense n'en est que plus plaisant.
Il avait l'air satisfait de sa révélation. Elizabeth était surprise, celui qui avait l'air d'un simple touriste ennuyeux était celui qu'elle attendait depuis toujours.
Alors toutes les apparences se dissipèrent et elle ne vit plus en lui que l'homme auquel elle avait succombé, et toutes ses belles paroles se reflétèrent dans ses yeux. Un doux sourire s'inscrit alors sur le visage d'Elizabeth.
Cette fois-ci, le touriste semblait sérieux.
- Mademoiselle Elizabeth, enchanté, dit-il en lui offrant son bras.

Ils reprirent ainsi leur route, désireux de se connaître davantage. Ils n'étaient plus de simples promeneurs parmi tant d'autres, mais des amants épris, seuls au monde.

Texte inspiré du tableau <u>Les Promeneurs</u>, de Claude MONET – National Gallery of Art, Washington.

6.

Ronces et chimères

L'image de cette créature est toujours présente en moi. Attirante, intrigante, hypnotisante, telle une sirène au sens mythologique du terme. Ce semblant de femme accaparait toutes mes pensées. Elle apparaissait comme telle, mais se révélait être différente...dangereuse. Je la vois encore, me scrutant de son regard perçant, tel un poignard, elle m'avait déjà touché. C'était trop tard. Elle flottait au-dessus du sol, s'approchait de moi à pas de velours. Et alors qu'elle m'encerclait et m'envoûtait, elle se dévoila. Je me doutais qu'elle ne pût être réelle : son dos laissait apparaître un semblant de cage thoracique, association de muscles et de nerfs. Ses bras, eux, avaient quitté leur linceul de peau. J'avais devant moi un livre d'anatomie en chair et en os. Je pouvais voir à travers elle, sa peau n'était plus qu'un film transparent qui dévoilait ses organes, dans leur plus stricte intimité. Mais son visage, lui, était intact. Une créature sortie des délires les plus profonds d'un drogué. Une bête en quelque sorte. Et pourtant, c'était tout sauf une illusion. J'étais bien vivant à ce moment-là, et plus que conscient. La muse continuait sa danse, me touchant le visage du bout des ses phalanges maintenant nues. Elle me possédait, j'étais étranger à moi-même, totalement désemparé, m'aventurant dans l'inconnu. En un ultime souffle, son corps s'ouvrit comme une rose, et je pus apercevoir son visage qui commençait à laisser transparaitre sa chair intérieure. Elle semblait maintenant avoir des ailes, pas de celles que l'on trouve sur le dos des anges, non, plutôt de celles que l'on trouve sur celui des dragons. Voilà. Elle était devenue dangereuse. En véritable génie des lieux, elle dominait complètement la situation. La créature se déplaçait telle une ombre autour de moi. Et j'étais la proie de cette ombre. Elle ne dansait plus, elle s'affolait. Je la vis se précipiter vers moi, les ailes étendues, puis...plus rien. Comme assuré des prodiges, je m'étais finalement sorti de cet enfer tourmenté. Plus bas, une pensée jonchait le sol. Les dernières fleurs d'automne s'effeuillaient, pour laisser place à la splendeur de l'hiver. J'étais revenu à la réalité. Et pourtant, impossible de me débarrasser de cette image, de cette chimère. Car oui, celle qui avait tout d'une sirène, se révélait être une véritable dévoreuse d'hommes. Ce qui n'est pas sans se rejoindre finalement. Son regard profond vous ensorcelait, et en un battement de cils, vous faisait quitter la terre ferme pour le néant. Une promesse de la beauté, qui, une fois transformée, vous plongeait dans la plus grande solitude. Cette créature de rêve était la Chimère de mes nuits. Elle me dévorait un peu plus chaque jour où le soleil se couchait. Son corps au nombre d'or se déliait de sa peau pour laisser entrevoir son anatomie aussi parfaite et inquiétante que ses formes. Ainsi, la Chimère m'emmenait chaque nuit, un peu plus bas dans les ronces de l'abîme.

7.

Eloge Parisienne

Eloge Parisienne

« Ma Dame,

Je me réjouis de vous écrire. J'aimerais vous dire combien longue est l'attente de vous revoir. Celle-ci n'en sera que plus prolongée de par mes affaires qui me retiennent ici. Malheureusement, nous ne pourrons nous revoir avant l'été.
J'ai hâte que les beaux jours reviennent. Retrouver vos splendeurs, goûter à vos magnificences et partager avec vous le bonheur que me procure votre compagnie. La douceur de vos charmes et l'élégance de votre personne, je dois l'avouer, me manquent un peu plus chaque jour depuis notre dernière rencontre.
Je ne cesse de penser que vous ne me voyez comme un parmi tant d'autres, et je n'aurais pas l'indécence de vous blâmer, si ce n'est que de me convaincre que je n'ai d'yeux que pour vous.

Je me souviens de cet hiver où nous avions failli mourir de froid, tant la saison était rude. La neige ne cessait de tomber et virevoltait autour de vous, concurrençant votre beauté sans, toutefois, l'égaler.
Lorsque je reviendrai, la chaleur de l'été aura illuminé votre visage et vos jardins resplendiront de nouveau, redonnant aux Tuileries leur éclat tant convoité.
Je me promènerai alors sous vos yeux, dans ces rues qui font votre histoire.
Je veux flâner au gré des quais et voguer sur votre lit.

Ah comme j'aimais quand vous me faisiez goûter à vos délices. Ces mets incomparables qui ont fait votre renommée. De l'odeur des croissants aux macarons, il me tarde de retrouver sur mes papilles ces plaisirs gustatifs.

De me surprendre, la main posée sur votre jambe, admirant et caressant votre corps d'acier. Et la Dame de Fer que vous êtes se dressera devant moi, si élancée, si imposante, si parfaite. Votre stature est si puissante que votre vue me réduit immédiatement au silence et à la soumission. Dès lors, je suis pris à vos griffes, faîtes de moi ce que vous voudrez. Et je saurai, par de belles paroles, apprivoiser votre cœur d'acier.

Vous me ferez volontiers découvrir vos plus beaux chefs d'œuvres. De la Mona au Radeau, nous traverserons ces longs corridors empreints de luxe et de préciosité. J'effleurerai vos dorures et vous me livrerez vos plus profonds secrets. Je vous peindrai mon amour et mon dévouement ; et, tel l'écrivain dans sa tour d'ivoire, je m'enfermerai dans cette pyramide de verre, et vous dessinerai jour et nuit, si cela peut vous maintenir en vie.

Et, sortis de ces tableaux, vous m'ouvrirez les portes de la gloire. Tant de luxe et d'ostentation qui, pour certains yeux, paraitront vulgaires ; quant aux miens, ils n'y voient que du raffinement et de la distinction.

Je me surprends même jaloux de votre cher ami, le grand Alexandre III. Le charme de ses dorures vous fait chavirer, traduisant cette lueur dans vos yeux à chaque passage, vous-même ne pouvez nier. Et je tends à avouer que je vous comprends, malgré moi, et que cet incroyable Alexandre n'en illumine d'autant plus votre innée beauté.

Vous, maîtresse de la mode, reine du chic, et pourtant si sauvage. Vous savez vous entourer des gens. Cette popularité fait de vous quelqu'un d'autant plus important que je m'avoue jaloux de toutes ces personnes osant vous dévisager ouvertement. Je les comprends autant que je les méprise. Je ne puis concevoir de vous partager, hélas ! Jamais vous ne pourrez être mienne. Ce serait égoïste de ma part que de l'envisager ; je ne puis vous enlever au reste du monde.

Dieu que cette idée m'est cruelle.

Eloge Parisienne

    Le soir venu, alors que vous brillerez de mille feux, nous irons déambuler dans ces Champs. Vous m'offrirez votre plus belle avenue et je cèderai à la tentation de vos splendeurs ; les guirlandes illuminées dans vos cheveux, cette foule qui vous acclame dans la nuit … Nous marcherons à tort et à travers ce long chemin, au bout duquel cet arc triomphant sonne le glas d'une avenue aux mille et une merveilles.

    Ô, vous ne connaissez que trop peu ma hâte de vous retrouver, ma chère ! Que tous ces rêves soient réalité, que nous deux ne fassions plus qu'un, et que je puisse à nouveau respirer votre parfum.

    Je ne puis vous attendre plus longtemps.

Dès lors, je viens à vous.

Anonyme. »

8.

Séduction mortelle

(Dans la peau d'une serial killeuse)

Avoir une vie entre ses mains. Se dire qu'on la contrôle, que la suite dépend de nous. Uniquement de nous. C'est notre geste qui prendra la décision. Un seul geste pour tout changer, à jamais.

Tenir la vie, et la sentir partir…

J'ai toujours aimé les hommes. Non, je les adore. J'aime leur regard flamboyant, leur odeur enivrante, leurs mains expertes, leur virilité… Les plus suaves d'entre eux sont les plus envoûtants. Leur peau et leur chaleur sont si délicieuses.
Mais ils sont si possessifs… Oh, ce qu'ils sont possessifs. Quel dommage. Ils paraissaient tellement parfaits. Mais ils ont échoué. Tous. Ils pensent me posséder dès lors que je satisfais leurs plus sombres désirs. Je ne deviens qu'une chose, un objet que l'on manipule comme on veut. Seulement, je ne suis pas quelque chose. Je ne suis pas une propriété que l'on se partage. Oh, comme ils m'insupportent. Je les adore autant que je les hais. Je ne peux m'empêcher de leur succomber, mais tout de suite après je les déteste. S'ils me considèrent comme leur chose, alors eux aussi sont la mienne. On va jouer. J'aime jouer. J'aime les attirer dans leur propre piège, ils sont si naïfs, et c'est si bon. Je leur fais croire jusqu'au bout qu'ils sont les maîtres de la situation, les maîtres du jeu, qu'ils me possèdent et que je leur suis toute dévouée.
J'ai toujours attiré les hommes ; ce n'en est que plus facile. Qui résisterait à une grande blonde infirmière ? Je sais détecter leur odeur. Ils m'enivrent. Certains sont plus faciles à appâter que d'autres, tels les machos, mes préférés ; cela dépend de l'endroit où je les déniche. J'affectionne particulièrement les clubs privés, que je fréquente beaucoup. Ça reste mon endroit préféré pour la traque. Parfois, il m'arrive d'atterrir dans des bars, sur la plage, ou dans des salles de sport, mais rien ne vaut les clubs privés. L'ambiance y est suave et électrique à la fois, elle amène au plaisir et à l'ivresse. Les lumières rouges tamisées ne font plus qu'un avec la musique

envahissant nos oreilles. L'odeur de soirée se mélange à celle des gens se déhanchant sur la piste de danse, un verre à la main, consumant leur jeunesse. Les hommes y sont très naïfs et prêts à tout dans ce genre d'endroit. Il suffit d'une paire de talons et d'un décolleté pour obtenir une coupe du champagne le plus cher.

    J'arrive fraichement maquillée dans le club, pendant que la plupart sont déjà saoulés par l'alcool. J'avance tout en suivant la musique, et je fais abstraction des filles présentes : je suis focalisée sur la testostérone. Les hommes m'adorent, les filles me haïssent. Je capte tous les regards, et je repère ceux qui m'intriguent, ceux que j'aimerais approfondir. Mais en réalité, il n'y en a qu'un que j'aimerais connaître davantage, et je sais lequel. Il est là, au fond du club, devant les miroirs, et il me dévisage avant de me reconnaître, tandis que je le fixe en avançant vers lui. Je ne le quitte pas des yeux. Je l'ai rencontré il y a deux semaines dans ce même club, on s'est revus une fois au café où il m'en a payé un alors que je déteste ça. J'espérais qu'il soit là ce soir, pour enfin pouvoir m'amuser. Et, malheureusement pour lui, il m'a entendue.

Je ne sais son nom, et je ne cherche pas à le connaître, tout du moins je m'efforce de l'oublier chaque fois qu'il me le rappelle : je n'aime pas mettre un nom sur la vie que je viens de prendre.

    C'est un bad boy, un coureur de jupons qui s'efforce de paraître galant pour m'amener dans son lit. Le salaud parfait, en fait. Tout à fait mon genre. Ce qu'il ne sait pas, c'est que je connais son jeu. Mais il ne connaît pas encore le mien. Il est séduisant à souhait, grand aux yeux foncés, un homme facile qui a les femmes à ses pieds. Et qui me considère comme toutes les autres. Bientôt, il paiera.

Il vient vers moi en souriant, de ce sourire arrogant, et nous entamons une danse lascive. Il m'offre un verre mais je refuse le deuxième : je préfère rester lucide pour la suite des évènements, je ne voudrais pas laisser l'ivresse me contrôler. Nous profitons de la soirée et il me propose de me raccompagner chez moi. J'accepte et l'incite à passer la porte de mon appartement. Voilà, je touche au but. Le jeu va pouvoir commencer.

Nous sommes là, dans le salon, au milieu du tapis, nous dévorant du regard. Tout s'enchaîne très vite. Je lui suggère de monter dans la chambre. Je n'ai aucune envie de tâcher de pourpre mon canapé blanc. Nous nous précipitons sur le lit, je le laisse faire ce qu'il veut de moi. Je veux qu'il soit persuadé de contrôler la situation. Je gémis, je simule et au moment où je bous, où mon âme refait surface, où j'ai tellement envie de lui que ça en fait mal, ce moment où je me sens revivre, où tout le mal se condense en moi, à en faire tressaillir mes organes, à ce moment, je me retourne et prends la situation en main, à mon tour. Voilà ma partie préférée. Je le contrôle enfin. Mon regard azur devient noir lorsque je suis au summum du plaisir. Je plonge mes yeux dans les siens et, dès lors, ils pourraient le tuer en un instant. Je ne suis pas une propriété que l'on se partage.

Je le préviens que j'ai une surprise pour lui. Je m'arrache dès lors doucement de son corps et me déhanche jusqu'à la salle de bains accolée à la chambre. Elle comporte une petite fenêtre, invisible depuis la chambre d'où je peux surveiller ma proie pendant que je me prépare. J'enfile ma plus belle tenue d'infirmière affriolante et dégaine ma plus belle arme : la seringue. Celle-ci est bien réelle, oh oui. Elle renferme le plus fatal des nectars. L'avantage d'être une vraie infirmière, c'est d'avoir les poisons à portée de main. C'est ainsi que j'ai pu me créer mon stock. La lidocaïne, ah quelle potion miracle… Une petite dose de trop est suffisante pour stopper un cœur amoureux, et faire chuter toute illusion. Oh…j'ai l'impression qu'il y en a trop…je jubile d'avance. J'enfile mes bas et fait étinceler la pointe de mon aiguille qui jaillit comme une flamme mortelle. Je dois en finir. Je jette un coup d'œil par la fenêtre : il n'attend que moi. J'arrive, chéri.

Je sors de la salle de bains dans ma plus simple tenue, appuyée contre le pan de porte, une seringue à la main. Il me dévisage de la tête aux pieds, ses yeux ont faim. Ah…le fantasme de l'infirmière… Je le vois dans ces mêmes yeux.

- C'est quoi cette aiguille ? C'est une vraie ? me lance-t-il, l'air faussement inquiet, alors que je m'avance vers lui.
- Chut. On va jouer, le rassure-je en le chevauchant.

Je me penche doucement vers son oreille et lui chuchote :

- Ça te plaît ? – avant de lui mordiller l'oreille.

Son gémissement traduit son acquiescement.

Je me redresse alors et lui jette un regard enflammé. J'humidifie mes lèvres et fait danser malicieusement la pointe argentée de mon arme dans les airs. Il n'a pas le droit de posséder les femmes comme il le fait. Il faut qu'il comprenne. Il ne doit plus me considérer comme un objet.

La haine monte en moi, plus rien ne peut m'arrêter. Mes yeux sont aussi noirs que l'ébène. Il a à peine le temps de crier que, déjà, je plante mon aiguille dans le creux de son cou. Et alors que le liquide se déverse dans ses veines, une onde me parcourt l'échine, comme à chaque fois, onde de plaisir et de délectation, le soulagement et la libération d'un désir trop insistant. Mieux que l'orgasme. Ma proie hurle et cherche à comprendre. Elle se débat, fortement, mais en fidèle amazone, je le maintiens. Il faut qu'il reste en place avant le début de la descente aux enfers. Avant mon spectacle.

- Reste tranquille, lui susurre-je d'un ton des plus sulfureux. Le meilleur reste à venir…

Il faut peu de temps pour que le corps – ou devrais-je dire le cœur – réagisse. Je peux desserrer mon étreinte. Ses muscles tremblent sous moi, je sens son cœur battre de plus en plus vite, il s'emballe. Et commence à manquer d'oxygène. Je ne connais que trop bien ce schéma. Ses yeux, alors, suivent le rythme et cherchent la lumière, tant bien que mal. Sa vision est floue, bientôt, il ne verra plus rien. Il commence à délirer, appelle Dieu au secours. Beaucoup d'hommes le font. Mais Dieu ne peut rien, au pire il accueillera les bras ouverts ton âme salie et indigne. Il s'agite, mais ce n'est dès lors plus qu'un tas de muscles et de réflexes qui veulent échapper à la fin. À cet instant, je me recule pour laisser place à cet homme étendu dans toute sa splendeur. Je me délecte devant ce corps qui cherche son âme sœur, sa vie, comme une falaise à laquelle se raccrocher. Ce corps qui tente de reprendre son souffle. C'est vivifiant.

Ses mains se tendent vers les draps et ses doigts se cramponnent à eux. Il ne crie plus, il suffoque. Déjà, il perd conscience. Le dernier acte. Son corps nu se tend, se cambre d'une incroyable volupté, ses yeux se révulsent en un blanc lunaire. Ses pieds glissent parmi les draps comme pour tenter de remonter. De remonter à la vie…mais il n'y parviendra pas. Parce que je l'ai décidé. Je ne veux pas qu'il remonte à la vie, mais qu'il descende aux plus profonds des ténèbres. C'est ce que je souhaite plus que tout. Ses mains desserrent les draps et se tendent en une violente crampe qui, désormais, parcourt son échine. Ses lèvres laissent échapper un liquide blanchâtre, qui descend le long de son cou et vient à la rencontre des draps. Ses jambes lâchent dans un dernier spasme, ses mains retombent et son corps termine la lutte.
Alors je m'approche, m'agenouille afin de récupérer la seringue tombée au sol. J'enfile une tenue plus adéquate : un pull décolleté noir, un jean et mes fidèles escarpins noirs feront l'affaire. Je ramasse mon sac et jette un dernier regard vers ma nouvelle œuvre avant de partir.

- Salaud.

Je me dirige vers mon nouvel appartement à deux quartiers d'ici. Un perpétuel remaniement pour attaquer de nouvelles proies sans suspicion. Mon rituel. Mon quotidien. C'est vital pour moi, ou plutôt, c'est mortel. Je démarre une nouvelle vie, éphémère comme toutes les autres, juste le temps de m'amuser un peu…et de recommencer, encore et encore.

9.

La Valse des émotions négatives

La goutte d'eau qui fait déborder le vase. Et quel vase. Un vase qui aimerait imploser à défaut de ne pouvoir exploser. Un vase rempli d'incompréhension, de rage, d'incertitudes, de déception et de pleurs. Et pourtant, Jenny fait face. Elle a cette manie de tout contenir en elle, de rester fière et de ne pas craquer publiquement. Mais une fois chez elle … Car, pour Jenny, pleurer devant les autres, montrer sa fatigue, avouer qu'elle a mal ou qu'elle ne se sent pas bien, est signe de faiblesse. Et Jenny n'aime pas dévoiler ses faiblesses. Elle déteste se sentir vulnérable. Selon elle, une femme doit rester forte et indépendante, et ne doit pas montrer quelque baisse de régime, aussi infime soit-elle. Surtout pas dans le boulot. Surtout pas devant ses patients, elle doit être à 100 % tous les jours, peu importe ses problèmes, elle doit être disponible pour tous ces gens, et se donner à fond pour les aider à vivre mieux. Alors, ce matin, elle ne pleurera pas. Elle aura toute l'après-midi pour ça. Ainsi, comme très souvent, elle répondra « oui » lorsqu'on lui demandera si ça va, elle sourira, et cachera tout le reste. Car il faut montrer bonne figure, et refouler toute attitude négative à tendance dépressive. Elle ne veut pas montrer son ressenti, elle se doit d'avoir cette façade, qui la protège de toute cette pitié et de toutes ces questions dont elle se passerait bien. Au moins, ses problèmes ne regardent qu'elle et elle aura tout le temps de se morfondre, une fois sortie de cet antre.

Jenny a sa fierté, et elle l'a compris. Et elle y tient. En aucun cas, elle ne baissera sa garde et révèlera ce qu'elle ressent. Ce serait être faible. Ce serait abandonner tout combat et capituler, autoriser aux autres l'accès à ses pensées, à son véritable état intérieur. Or, Jenny est forte ! Elle n'a besoin de personne, et n'est certainement pas une de ces pleurnichardes, à se lamenter sur son sort, ou sur son état du jour. Avouer une baisse de moral est une faiblesse en soi, elle n'a pas le droit de ne pas être en forme, pas elle ! Alors elle se voile la face. Jusqu'au jour où tout ressurgit. Et à ce moment-là, même la façade n'est pas assez large pour le cacher. Et les signes physiques la trahissent. Elle doit s'abandonner.

    Et pourtant, elle aimerait lui en dire, des choses, à cette adversaire. L'envoyer valser, lui dire ses quatre vérités, tout claquer, prendre ses affaires et ses vacances prématurément. Mais, on a beau dire que l'argent ne fait pas le bonheur, il est parfois la seule motivation qui nous reste. Celle de Jenny. Alors elle reste, et tente de passer au-dessus. Et ce n'est pas sans se retenir de vider son sac, et de lui dire qu'à part se défouler sur ce qu'elle ne sera jamais, elle ne sert pas à grand-chose. Pour ne pas dire à rien dans la vie de Jenny.
Cette arrogance et ce sentiment de supériorité lorsqu'on a plus d'expérience. Elle se sent forte et au-dessus de ceux qui arrivent, et elle aime en profiter. Ce genre de personnes en profite toujours, d'ailleurs, et ont le don de juger trop rapidement les gens, parce qu'ils sont plus jeunes, et de les classer. Le problème, c'est que Jenny a horreur d'être prise pour ce qu'elle n'est pas. Elle, ce qu'elle veut, c'est être autonome, pouvoir s'exprimer dans son travail, pouvoir prouver qu'elle sait faire et qu'on peut lui faire confiance. Elle aime avoir des responsabilités. Seulement, avec certaines personnes, ce genre de choses est limité. Et l'épanouissement impossible.
Jenny a toujours cherché (et cherchera certainement toujours) la reconnaissance dans son travail, c'est plus fort qu'elle, c'est comme une approbation de ses faits et gestes. Un réconfort. Une réassurance. Et une source de bien-être. Seulement, ici, la seule reconnaissance qu'elle ait, c'est celle de ses erreurs. Et ça pèse.

    Ah, ces mots qu'elle aimerait lui envoyer à la figure comme de vulgaires cailloux qu'on balancerait contre un mur. Et, Jenny, quand on lui répète inlassablement ce qu'elle sait très bien quoi faire, ça l'envahit, ça l'énerve, et ça la bouffe de l'intérieur. Plus on lui dit comment faire ce qu'elle sait déjà, moins elle a envie de le faire. Elle déteste qu'on le lui répète. En temps normal, elle râlerait, ou ferait bien comprendre que, oui, elle sait ! Mais là… elle rugit intérieurement. Elle en rêve, de claquer la porte et de repartir chez elle. Elle en rêve réellement. Mais pas à une semaine de la délivrance. Il n'y a plus longtemps à tenir. Courage, petite Jenny, se dit-elle tout bas. Bientôt, tu seras libre et personne ne pourra plus rien te reprocher. Mais demain est un autre jour, malheureusement il ressemblera à aujourd'hui.

Jenny a peur. Peur de quoi ? Elle-même ne sait pas. Peur de ne jamais s'en sortir, peut-être. Elle qui, d'habitude, fait fi de toutes ces remarques, qui lui passent au-dessus de la tête, elle se surprend à se pourrir les journées avec ça. Prendre l'air, se défouler, courir jusqu'à n'en plus s'arrêter, jusque n'importe où, pourvu que ce soit loin de tout ça … C'est ce qui l'aide à se libérer. Pour le moment.
L'amère impression que tout ça durera une éternité. Les jours n'ont jamais paru aussi longs. Les semaines, encore pire. C'est un sentiment nouveau, et Jenny ne l'aime pas. Mais pas du tout. Dès le début, elle l'a senti s'installer en elle. Elle aura bien du mal à faire avec, et pourtant, il le faudra. C'est difficile à accepter. Même si la fin est proche.

À cet instant, elle ne sait plus quoi penser. À vrai dire, elle avance parce qu'on le lui dit. Tel un automate. Sinon, je suis certaine qu'elle resterait là, au même endroit, à réfléchir. Juste réfléchir. À tout. À rien. À quelle décision elle va prendre. À ce qu'elle va faire dans la journée. À se dire que le temps n'est pas compté, et qu'elle agit librement. Mais elle ne peut pas, elle doit se contenter d'aller là où on lui dit d'aller. D'accomplir son devoir, et d'attendre le jour où elle pourra réfléchir, comme elle l'imagine.

10.

Hug me !

Hug me !

Une étreinte. Un prénom. Une musique.

C'est tout ce qui devrait suffire.

  Le soleil à son zénith, une chaleur accablante, dehors la foule. Je marche difficilement parmi tous ces gens. Le dernier week-end d'un long été qui s'achève. Tant de monde qui foule les pavés de la Grand' Place, c'est la vie qui s'agite. Je regarde le sol, essayant tant bien que mal de tenir la cadence. On m'appelle, on discute, on rit, on observe. J'observe. Autour de moi, les personnes profitent de l'instant présent, du beau temps, des étalages envahissant le bord des trottoirs. La braderie et tout ce qu'on peut y trouver, c'est quelque chose d'incroyable, d'unique. Alors les gens fouinent, regardent, trouvent, marchandent. Certains se retrouvent autour de la grande fontaine, d'autres autour d'un café. Les amis s'enlacent, les couples s'embrassent. Sur le côté, des photographes immortalisent ces moments uniques, intimes. Un câlin, et ça en fait une photo. Mais pourquoi avoir besoin de quelqu'un d'autre pour accéder au bonheur ? Ne pourrait-on pas se suffire à nous-mêmes ? Après tout, on n'est jamais mieux servis que par soi-même, on devrait pouvoir se donner l'amour qu'aucune autre personne n'est capable de nous donner en fin de compte. Ce serait pourtant tellement égoïste, chaque étreinte doit être destinée à quelqu'un, quelqu'un de particulier, une personne qui fait de nous un être spécial.

  Alors je me surprends, dans un élan de folie et de spontanéité, à m'enlacer, à sourire, et à profiter de cet instant. Absurde, vain, déluré, bizarre, peut-être. Mais pourquoi pas ? Quand la personne à qui vous vouliez offrir cette étreinte, ce moment d'amitié ou d'amour, n'est pas à vos côtés pour la recevoir, on peut bien se l'offrir soi-même. - On a le droit de se faire plaisir, non ? - Cela n'empêche en rien de penser à cette personne, il suffit de se l'imaginer en face de soi, et alors tout devient logique. Un moment particulier vécu à deux, une émotion partagée, un souvenir à deux qui refait

surface...une musique. A toute relation entre deux personnes, amis ou amants, lui correspond une musique. Le simple fait de penser à une personne spéciale nous ramène un air de musique en tête. Des moments vécus marquants, heureux, importants. C'est inévitable. On a tous une chanson qui nous caractérise. C'est la musique qui donne le sourire, la musique qui unit les groupes, la musique qui redonne des couleurs aux humeurs parfois grisées. Une vie en noir et blanc ce n'est pas très convoitant. Il va tellement mieux aux photos.
Une photo dénuée de couleurs dit mille fois plus de choses qu'une de celles pigmentées. Le temps qui passe sur un simple moment captivé, la beauté des choses par transparence ; ici on ne juge pas sur les couleurs. Ca laisse plus de place à l'imagination. Le noir et blanc est la base de tout, il est universel, chacun est au même niveau mais avec sa propre histoire.

    Une histoire sans couleurs, accompagnée d'une musique, et deux personnes pour l'écrire. Alors je m'enlace, à ma façon, pendant que d'autres le font à deux.
C'est totalement ridicule.
Et alors que je me surprends à en rire, je me retourne, et voit la foule, qui passe pour certains, et qui regarde en ma direction pour la plupart. L'air amusé ou interrogateur, peu importe. Les photographes autour de moi, un dernier sourire, une dernière pose, un dernier délire, et c'est dans la boîte. Un shooting de rue, comme on en voit beaucoup. Un moment de pure spontanéité (de folie ?) immortalisé, une trace de mon passage, avant de se confondre de nouveau avec la foule et ne redevenir qu'une personne parmi tant d'autres.

    Voyant le résultat, je ne pus m'empêcher de sourire et d'y repenser. On peut tout lire sur une photo, sur celle-ci voilà ce qu'on pouvait trouver :
    une étreinte, un prénom, une musique.

Hug me !

Texte inspiré du « Hug Me ! Concept », auquel j'ai participé lors de leur passage à la braderie de Lille, le 3 septembre 2011. Le concept est simple : « On a tous envie d'avoir une tendre étreinte fait par ou pour une personne que l'on affectionne…avez-vous remarqué que l'on associe presque toujours nos moments heureux et importants de notre vie à une musique ? L'idée se décompose ainsi : vous posez d'abord de face, puis de dos où vous mimez une étreinte, puis vous dédicacez la photo en noir et blanc à une personne chère à votre cœur en l'associant à une belle musique. »

11.
Le Théâtre des adieux

Le Théâtre des adieux

La foule autour de moi se pressait
Etrange fourmilière, hiver comme été
Embarquant seuls pour un quelconque voyage
Dans ce hall parisien, avec ou sans bagages.

J'ai passé bien trop d'heures dans cette gare,
Comme toutes les autres, véritable point de départs.
Ô combien j'ai vu de couples entrelacés
Tenter de retenir cette échappée.

La séparation, quand vient son heure,
Inévitablement se confond en pleurs.
Et alors que les portes se referment sur la ligne,
Ils s'abandonnent tous deux dans un dernier signe.

À tout ceux qui perdent leur moitié
En la regardant s'éloigner depuis le quai,
Je leur crie : « N'ayez de peine !
Votre tristesse est vaine.

Car dans quelque temps
À l'heure où renaîtra le printemps,
Vous la retrouverez
En l'attendant sur ce quai. »

Et alors le théâtre des adieux
Ne sera plus que le théâtre des heureux.

12.
Dorian ou la mégalomanie personnalisée

Une critique. Un coup de gueule. Une serviette de plage et de la graisse à traire. Un bronzage impeccable.

Dorian est un être complexe. Ou compliqué.

Il est capable de passer d'un sentiment à un autre sans même que son esprit ne sache pourquoi. Ainsi, il peut très bien aimer l'être chéri et l'accuser de trahison le lendemain venu, en mettant en cause ses origines, quelque peu maghrébines sont-elles. Sauf qu'une semaine auparavant, il se vantait de ces mêmes origines. L'adaptation est de mise. On ne sait à quoi s'attendre avec une telle personne. Lui-même ne sait, n'ayant pas de convictions stables. Changeant de principes comme de chemise. Ou d'humeur.

Car, comme tout être double, Dorian a l'humeur un peu labile. Tant que le soleil est là, il aime son pays, comme il dit…pour le détester le lendemain au moindre désagrément. En fait, il est un peu comme ces immigrés qu'il critique : il revendique son statut français, mais émet sans cesse le souhait de vouloir tout quitter pour retourner à ses origines primaires. Sans le savoir, Dorian est comme eux. Ou quand le bourreau est la victime.

C'est quand même un phénomène incroyable. Dorian n'arrête pas une minute. Il en est incapable. Il se sent en continu obligé de rappeler à la terre entière qui il est. Parce que tout le monde le sait, Dorian a maintes origines. Parfois vraies, parfois exagérées. Comme la marée change en fonction de la Lune, les origines de Dorian, elles, migrent avec les humeurs. Un jour, il est espagnol, l'autre grec. Tiens, puis les Grecs ce sont tous des gays alors aujourd'hui je suis italien. Remarque, ils sont plein de manières, alors je préfère être arabe mais seulement les jours où je ne suis pas raciste. Sinon, je m'improvise portugais quand je ne suis pas tunisien. Je crois que ça lui permet de voyager tout en stagnant.

D'ailleurs, Dorian aime voyager. Le teint hâlé au vent, il foule les plus belles plages, contemple les plus beaux paysages et fait valoir sa plus grande mythomanie.

Vraies expéditions ou inventions, seule son imagination peut nous le dire. Et c'est ainsi qu'il se retrouve à Rome, Athènes ou encore mieux : Las Vegas (si ce n'est Los Angeles). Dorian aimant pavaner et montrer aux autres qu'il a une vie extraordinaire, l'absence de preuves de ces voyages a eu raison d'en faire douter plus d'un quant à la véracité de ces séjours.

S'inventer une vie, s'en convaincre et convaincre ses amis, voilà la vie réelle de Dorian. Distinguer le vrai du faux est devenu un exercice quotidien pour son entourage. Ayant un peu de mal à savoir où aller dans la vie, il fait croire à des jobs trouvés alors que la semaine suivante, il se retrouve à la faculté à plein temps. Les exemples foisonnent et manqueront rarement puisque l'imagination reste un terrain fertile. Et que Dorian n'est pas prêt à abandonner l'attention qu'il capte sur sa petite personne. Car, tous les gens le savent : ils ne parlent que de lui. Personne n'a autant d'égocentrisme que Dorian. Il est, selon lui, tout ce que les autres ne sont pas : c'est quelqu'un de franc, d'honnête, qui a horreur de l'hypocrisie. Il prend plaisir à prouver au monde sa supériorité. Soi-disant. Il clame haut et fort sa franchise et ramène tout à lui. Dorian a horreur d'avoir tort, il a donc trouvé une solution à ce problème : il convainc tout le monde d'avoir raison, à chaque fois. Et ça marche. Ainsi, il est convaincu que la moindre critique est pour lui, que les gens parlent sur son dos. Oui, l'égocentrisme de Dorian l'a rendu quelque peu paranoïaque. Il doute sans cesse de ses amis, cherchant les vrais parmi les faux. Il se défend en n'ayant que faire de ce que les autres peuvent bien penser, mais les autres savent parfaitement que Dorian aime et veut que l'on parle de lui. Alors, ils nourrissent cette pulsion. Le culte de la personnalité. La flatterie. Si Dorian s'était prénommé Staline, ça n'en ferait aucune différence. Il faudrait arrêter de penser que le monde appartient à Mr Dorian. Et, comme Staline, cet égocentrisme exacerbé ne serait rien sans son brin de narcissisme. Les autres ne sont pour Dorian que de petits être insignifiants, qui ne comprennent rien à sa logique et qui lui resteront inférieurs. Les critiques qui se mettent à pulluler sont jaloux de Dorian parce qu'ils ne sont pas ce qu'il est, lui. C'est une façon de voir les choses, si tant est qu'elle soit un peu mégalomane.

Un tel narcissisme et un tel ego ne peuvent que provenir de la plus tendre enfance. Un être normalement constitué ne pourrait présenter de tels symptômes. Dorian a l'habitude de vénérer sa mère quand il en parle (sauf les jours où son humeur la voit comme un obstacle à sa vie). Et, comme tout être humain, il présente des failles : un père absent et une mère qui couve trop son fils. Ou, du moins, qui en a fait son centre du monde, à elle. Cette attitude s'en ressent à l'âge adulte par un égocentrisme dépassé de la part de sa progéniture. Dorian a eu droit à toute l'attention d'une mère seule, ça paraîtrait ainsi presque normal qu'il essaie d'attirer cette même attention sur lui, une fois la vingtaine arrivée. Et cela, même si ça en insupporte quelques-uns. Ou plusieurs. Ou tout le monde, en fait. Et un des moyens d'attirer l'attention sur soi, c'est de se démarquer.

Heureusement, Dorian n'est pas du genre à se fondre dans la masse. Surtout au sujet de sa sexualité. C'est bien le seul homosexuel homophobe que l'on n'ait jamais connu ! Il aime comparer les gays à des animaux lorsque l'on parle d'adoption ou de mariage. Dorian a, pendant longtemps, clamé sa haine envers la population homosexuelle…avant de s'afficher en photo avec son nouveau compagnon. Oui, oui, au masculin. Ce qui l'amène au statut de refoulé. Dorian n'assume pas, par peur d'être jugé ou critiqué, dans une société où ces tendances restent taboues, malgré tout, et vulnérables. Mais Dorian a horreur des critiques, c'est bien connu. Alors il va se refouler publiquement pour convaincre les autres et se convaincre lui-même. Ou la dénégation revisitée. Et ainsi, contrôler ce qui se dit sur lui. Il montre aux autres que personne ne pourra l'atteindre. Mais c'était sans compter ses dires douteux, qui trahissent sa vraie nature.

Bref, un personnage haut en couleurs, très difficile à comprendre. Et, parfois, désespérant. En même temps, la mégalomanie n'aurait rien d'attirant si elle n'était pas drôle. Alors, mieux vaut en rire. Tout ça est un peu puéril, mais ça lui passera. Dorian est encore un peu adolescent dans sa tête.

Mais, en dépit de tous ces traits de caractère difficilement supportables, c'est quelqu'un de drôle, qui a la joie de vivre. On peut compter sur lui pour s'amuser. Il est gentil et attachant, c'est d'ailleurs ce pourquoi il m'a autant inspiré pour cette nouvelle.
Et je suis certaine que s'il tombe sur celle-ci, il me rétorquera : « J'en n'ai rien à foutre de ce que les gens pensent, de comment ils me voient, au moins on parle de moi ! »

13.
Un médecin à la Maison Blanche

Ce mal terrifiant, cette douleur. Chaque jour, c'est un peu plus dur que la veille. Encore une matinée éprouvante. Et pourtant, pas le temps de rester allongé à se plaindre. Président de la République, ce n'est pas un métier de tout repos. Surtout quand il s'agit d'une des plus grandes puissances mondiales. Et John F. Kennedy n'est pas du genre à flâner, bien au contraire. Et son dos est là pour le lui rappeler chaque jour. Répercussion physique d'un dévouement acharné. Il aime son pays à s'en détruire les os. C'est sa femme, Jackie, qui avait appelé ce médecin attendu ce matin. Elle s'inquiétait depuis quelque temps de l'état de santé de son bien-aimé. Et pourtant, chaque jour il faisait bonne figure et son mental d'acier l'impressionnait. Mais autant le moral tenait, que le physique, lui, ne suivait plus. Le nouveau médecin était attendu à neuf heures, et il était très bien réputé, une excellence à en rendre certains jaloux. John était au milieu de son salon, dans son fauteuil, lorsqu'il entendit sonner à la porte. Le majordome ouvrit et John accueillit de pied ferme ce génie.

- Il me semble que nous avions rendez-vous à neuf heures, n'est-ce pas ? J'ai comme l'impression que l'horloge indique onze heures, dit-il en désignant du regard la pendule dans le hall.
- Je suis venu à pied, répondit le médecin en levant sa canne. Ça bouchonne un peu sur les trottoirs.

John resta abasourdi devant cet étrange personnage qui ressemblait à tout sauf à un médecin. Une barbe de trois jours, une canne, des baskets et un air réticent, de quoi se poser des questions. Son comportement était d'une insolence telle qu'il vint à en douter de sa légitimité.

- Je suis le docteur Grégory House, je suis le médecin censé vous venir en aide, j'ai été appelé par votre femme.

John regarda son épouse qui lui lança un regard confus.

- Je vois. Enchanté de vous connaître, lui répondit John en lui tendant une poignée de main.

Le Dr House ne cilla pas et ne daigna lui rendre son geste.

- Bon, quel est votre problème ? se contenta-t-il de répondre.

Président ou pas, ça ne changea en rien le comportement pas très humain du docteur. Et John se sentit autant offensé qu'abasourdi. Il appela Jackie du regard et ils se mirent un peu à l'écart.

- Je sais que c'est un peu déroutant comme approche, mais le Dr House fonctionne comme cela, paraît-il, lui chuchota Jackie à l'oreille. On m'a dit de lui que ses méthodes pour soigner n'étaient pas communes et un peu hors-la-loi, mais c'est le meilleur médecin de l'état et ses compétences sont, malgré tout, reconnues. Il n'est pas très en phase avec le genre humain alors ne prend pas en compte ses sarcasmes, oublie et contente-toi d'aller mieux, c'est tout ce que je souhaite. Comprends bien que nous n'avons plus tellement le choix et que ton état physique ne fait qu'empirer, dit-elle avec une once dans le regard qui suppliait son mari de lui faire confiance.

John la regarda et se ravisa, décidant de faire confiance à celle qui l'avait toujours guidé dans la vie et qui lui faisait garder les pieds sur terre. Il retourna vers House.

- Nous parlerons mieux de tout ça dans le salon, suivez-moi.

John marchait courbé pour soulager sa douleur, bien que ce fût mauvais pour son dos. Ironie de la médecine. Ils traversèrent tous trois le hall d'entrée de cette Maison Blanche, et foulèrent le tapis rouge du Cross Hall pour atterrir dans la Green Room, qui accueillait les visiteurs. Ce salon, où prédominait le vert se composait de deux tables dignes des plus beaux salons de thé avec des chaises plus dignes de Louis XIV que d'Abraham Lincoln, pensa House. Le mobilier ressemblait à tout ce que l'on pouvait trouver chez un Président et un canapé aux rayures vertes fermait la pièce, où John convia le médecin à prendre place. House ne se fit pas prier, trouvant là le moyen de soulager sa jambe droite qui le

faisait souffrir au quotidien, raison première de sa canne. Il sortit un tube qui s'apparentait à de la Vicodin, et avala deux comprimés.
- C'est de la Vicodin ! Mais c'est ...
- Oui, mais ça fait un bien fou ! rétorqua tout de suite House.
John comprit à son regard qu'il valait mieux ne pas insister, et prit un dossier posé sur la table basse et le lui tendit.
- Voici mon dossier médical. J'ai tous les traitements qu'il me faut, mais plus les jours passent, plus la douleur se fait sentir. Aucun de ces médicaments n'a pu soulager mes maux de dos depuis qu'ils font partie de moi.
- Pas étonnant, avec la tonne de médicaments dont on vous gave ! s'indigna House, les yeux fixés sur le dossier. Incroyable que votre corps n'ait toujours pas explosé ! dit-il cyniquement.
- Mon médecin sait ce qu'il fait, il agit de son mieux pour que je ne sombre pas, rétorqua John.
- M'oui, c'est pour ça que je suis là, ironisa House. Si vous m'avez appelé, c'est que votre fameux médecin ne doit pas être aussi compétent que vous ne le pensez.
John le toisa d'un air exaspéré. Il allait se défendre quand le téléphone sonna. Le majordome tendit le combiné au Président.
- C'est pour vous Monsieur.
John s'empara du combiné et s'éclipsa. House profita de cette absence pour parler avec Jackie.
- Cortisone, hormones thyroïdiennes, opium, amphétamines...y'a du lourd là-dedans ! constata-t-il.
- Mon mari prend ça depuis des années, sans ça, il ne serait pas aussi en forme.
- Votre mari est un camé ! Croyez-moi, je sais de quoi je parle ! lui asséna-t-il brutalement.
Jackie fut piquée au vif.
- Mon mari n'est pas un de ces drogués, comme vous ! C'est le Président des Etats-Unis, il sait ce qu'il fait,

je vous interdis de parler de lui comme tel ! dit-elle en se levant brusquement et se dirigeant vers la fenêtre.

    - Il fait juste confiance à son idiot de médecin ! Président ou pas, prendre autant de médicaments est irresponsable ! Votre mari a la maladie d'Addison, lui lança-t-il en brandissant le dossier, et ce cocktail explosif, ne font que favoriser et accentuer l'ostéoporose, ce dont il souffre depuis des années et qui aura sa peau si on ne change rien ! débita-t-il d'un ton ferme, le front plissé. Ouvrez les yeux, vous le savez aussi bien que moi.

House ne croisa pas son regard, mais il savait de par son silence qu'elle comprenait. John revint à ce moment dans le salon et s'excusa.

    - Désolé pour cette absence, un de mes ministres au téléphone pour un problème de planning.

Il se tourna vers sa femme postée à la fenêtre.

    - Qu'est-ce que vous attendez de moi exactement ? reprit House calmement.

John se dirigea vers la fenêtre et se tourna vers House.

    - Nous sommes attendus à Dallas dans deux jours pour ma tournée électorale. Un cortège nous emmènera sur Main Street. J'ai peur d'avoir trop mal au dos pour tenir en place, malgré tous les traitements que l'on m'a donnés, avoua-t-il. Il me faudrait quelque chose de rapide et de suffisamment efficace, au moins le temps de ce voyage. D'autant plus que je l'appréhende beaucoup, il peut être crucial pour le prochain scrutin, et j'y tiens beaucoup. Je veux que ça se passe au mieux, et vous êtes le meilleur médecin de l'état.

    - Oh, vous me flattez ! dit-il avec un sourire narquois. En tout cas, ce n'est certainement pas avec toutes ces pilules que vous soulagerez quoi que ce soit. Malheureusement, elles n'ont fait qu'aggraver votre état physique. Vous ne pouvez arrêter vos traitements soudainement, mais il faudra réduire les doses. Et étant donné que vous êtes un fils d'Addison, il me semble évident et plus judicieux de vous prescrire des hormones de substitution, ce qu'on appelle dans notre magnifique jargon l'hormonothérapie de remplacement. Il s'agit d'avaler des comprimés d'hydrocortisone et de fludrocortisone afin de remplacer les hormones non produites par votre organisme, résultat de votre maladie. Rien de plus simple, dit-il tout naturellement.

- Mon médecin ne m'en a jamais parlé... rétorqua John. Aucun traitement n'est prévu pour ça.

- Oh, c'est normal, ça vient de sortir, dit-il sarcastiquement. De nos jours, il existe des choses extraordinaires !

John était de plus en plus agacé par le médecin, mais il semblait savoir ce qu'il faisait.

- Et ceci me soulagerait immédiatement ? s'inquiéta le Président.

- Etant donné que le délai dont nous disposons est on ne peut plus court, et que ce rendez-vous super important pour vous engendrera du stress et de l'adrénaline, je vais vous prescrire une dose plus élevée, et ça devrait vous soulager le temps qu'il faudra.

- Eh bien, pensa John, avec ce traitement et le corset, je suppose que je devrais pouvoir tenir à Dallas.

- « Le corset » ? reprit House d'un ton abasourdi.

- Mon mari a pour habitude de porter un corset, prescrit par le médecin, depuis quelque temps, surtout lors de conférences ou de grands évènements publics. Son dos est de plus en plus mal en point et cela lui permet de rester droit et tonique. Certes, les mouvements sont limités, mais le peu qu'il reste de son dos est maintenu, déclara Jackie.

- On est de retour au dix-huitième siècle, mais on ne m'a pas prévenu ! rétorqua House d'un ton railleur. Et vous sortez la robe bouffante pour les grandes occasions aussi ?

John et Jackie parurent gênés.

- Renouez avec votre virilité et oubliez ce fichu corset, sa poitrine peut tenir toute seule ! dit-il d'un ton très cynique.

Il se tourna vers la First Lady, qui semblait choquée de ses dires.

81

- Ne soyez pas jalouse, Jackie, prononça-t-il avec un sourire narquois. Le traitement et rien d'autre ! Vous pourrez respirer lors de vos fameuses conférences. Le temps de passer un coup de fil à la pharmacie et le tour est joué. Trop cool ! dit-il avec un faux sourire.
House s'éclipsa et revint à peine deux minutes plus tard.
- Vos médicaments vous parviendront dès cet après-midi…oh ! Ben dans deux heures en fait, dit-il d'un air moqueur en regardant sa montre.
Il releva la tête vers le Président et sa femme.
- Bon eh bien, je crois que mon boulot est terminé !
John et Jackie s'approchèrent du médecin.
- Nous vous remercions, docteur. J'espère que, grâce à vous, mon mari ne souffrira plus, avoua Jackie.
- Je vous raccompagne, proposa John.
De retour dans le Cross Hall, John lui tendit une poignée de main, espérant obtenir cette fois-ci un retour de la part du médecin.
- Encore merci pour tout, docteur. Vous étiez ma dernière chance, je ne savais plus quoi faire, le remercia John.
- Vous m'en voyez ravi ! lui dit-il espièglement, sans daigner lui serrer la main, une fois de plus. Fidèle à sa misanthropie.
- Où puis-je vous contacter si jamais j'ai un souci ? s'enquit John.
- Oh, je n'ai pas de téléphone, toute cette technologie, très peu pour moi. Appelez l'hôpital et adressez-vous directement à ma secrétaire, le Dr Wilson, elle sera ravie, dit-il en quittant, boiteux, la Maison Blanche.
John resta dubitatif sur cette dernière remarque, se demandant alors comment il avait pu joindre la pharmacie. Cette visite laissa John incrédule. C'était certainement le pire des médecins qu'il avait, jusqu'ici, rencontré, mais sans aucun doute, le plus intelligent. Et, malgré tout, il avait envie de lui faire confiance. Il voulait surtout que ça marche.

Les médicaments furent livrés quelques heures après, et pendant deux jours, le Président suivit à la lettre la prescription, réduisant ses anciennes doses et arrêtant les amphétamines. Son état s'améliorait, ce n'était pas flagrant, mais les douleurs dorsales s'étaient calmées, prenant effet sur quelques heures, et c'était bien suffisant pour lui. Le grand jour arriva et il tenta de prendre place dans le cortège sans porter de corset comme le lui avait ordonné le Dr House, non sans appréhension, et ayant pris son traitement une heure avant. Il ne voyait pas pourquoi ça se passerait mal.

22 novembre 1963. Le cortège quitte Main Street vers Houston Street, et contourne le Dealey Plaza. Il est midi trente. Soudain, l'écho d'une balle traverse les airs. Stupéfaction. Le gouverneur s'écroule dans les bras de son épouse. On voit le Président porter ses mains à la gorge. Rouges. Emballement. Tout s'enchaîne. Jackie se baisse, entrainant son mari avec elle. Eviter toute récidive. Six secondes, pas plus. Un dernier coup de feu retentit, finissant sa course dans le vide. La voiture s'écarte du cortège et se met à l'abri. Plus aucun bruit de plomb, seuls les cris, les pleurs et l'affolement. L'Amérique se trouve alors dans un tournant. Le Président se relève, il souffre, mais il vit. Sans le corset, il a pu se baisser pour éviter le pire. Bill Greer, le chauffeur, demande les urgences dans un dernier réflexe. John a sa femme sur ses genoux. Elle ne se relève pas. Une deuxième balle, si proche de la première, et à peine audible, l'a touchée, alors qu'elle protégeait son mari. Balle fatale.

John se battra, jusqu'au bout, et tant qu'il reste au pouvoir, il a toutes les cartes en main pour retrouver l'assassin de sa femme. Mais qu'est un Président sans sa First Lady ?

14.
L'ascenseur des sentiments

Souffle, respire. Arrête de t'agiter, reste tranquille. Calme-toi. Contrôle tes pulsations, bon sang. Vite, faites qu'on arrive ! Non, j'ai peur... Mais peur de quoi ? C'est ridicule. Tu sais très bien à quoi t'attendre. Cette attente de dernière minute est insupportable.
Nous arrivons enfin (par « nous », j'entends « moi », le taxi m'accompagnant ne restant pas pour les vacances, évidemment) dans la petite cour bordant la somptueuse maison côtière où nous nous retrouvons chaque été entre amis. Ayant terminé mes examens plus tardivement que les autres, ils n'attendent plus que moi pour se la couler douce pendant une semaine, en pleine Provence. Tous, y compris lui. Et alors que je claque la portière du taxi derrière moi, une vague de bras chaleureux et de « Tu es enfin là ! » m'emporte. Je distingue à peine ceux qui sont venus m'accueillir, qui m'embrassent et me prennent par le bras pour découvrir la maison que je connais déjà par cœur. Ce dont je suis absolument certaine, c'est qu'il n'est toujours pas là et que l'attente de son accueil me fait paniquer d'avance. Je rentre avec tout le monde, je dis bonjour à ceux que je n'ai pas encore vus. Où est-il ? On rit déjà, on veut savoir comment se sont passés mes examens. Est-il au moins vraiment là ? Ça en devient interminable. Je cache mon impatience avec brio, discutant des cours et de la vie quotidienne, des vacances qui s'annoncent pétillantes. Et il entre dans la pièce, naturellement, comme il serait descendu chercher son courrier. C'est tellement inattendu que lorsque je le vois, mon sang ne fait qu'un tour. Ça y est. Il est enfin là. Plus beau que jamais. Ses cheveux noir ébène, son teint hâlé et son sourire d'acteur hollywoodien, tout ça est encore plus parfait que l'été dernier. Le soleil est à la neige ce que lui est à moi. Irrésistible. Il s'approche de moi avec un léger sourire, comme pour se contenir. Un air nonchalant que j'imite, je ne laisse rien transparaitre lorsqu'il me fait la bise et pourtant...en moi, tout se déchaîne. Mon cœur n'en peut plus de cette cage qui le retient, il bat à en rompre les liens pour tenter de sortir et de respirer. Il pompe tellement que je crois que je vais

m'évanouir. J'ai chaud, très chaud, et je sens que mes joues suivent le pas. Heureusement, la chaleur accablante de l'été en fait mon meilleur alibi. J'ai tellement chaud que j'en frissonne, c'est ridicule. Le contact de sa peau me fait l'effet d'un vent glacial sur une montagne, j'en reste figée. Et pourtant, sa peau est si chaude... Oh, comme elle sent divinement bon. Un mélange de soleil, de sable fin, de vagues et de vacances. Le meilleur parfum au monde qui puisse habiller une femme. S'il pouvait exister, il se nommerait « Paradis ». Oh, comme je le hais de me faire chavirer ainsi. Mes jambes sont comme de la guimauve au-dessus d'un barbecue, je ne tiens plus. Je vois son visage s'illuminer d'un sourire qui traduit son bonheur de me voir et sa plénitude. Et alors, je suis heureuse. Je sais d'ores et déjà que je vais passer la plus belle semaine de l'année et qu'elle surpassera toutes les autres réunies. Son regard espiègle me fait sourire bêtement et je me rends compte à cet instant que j'ai l'air d'une gamine. Une pauvre lycéenne sous le charme du canon de l'école. Mais je crois qu'on a tous l'air bête devant la personne qui ne nous laisse pas indifférent. Plus rien n'existe autour.

Il a l'air comblé de me voir, comme s'il ne m'attendait pas ici. Nous passons le plus clair de notre temps au-dehors, sous les arbres atténuant les rayons du soleil. Il ne cesse de venir vers moi, avec un sourire malicieux, comme s'il voulait jouer. Et, avec lui, je suis prête à jouer, à déjouer, à se chercher, à se trouver, à tout. Le chat et la souris. L'un en face de l'autre, il me dévisage, de son regard le plus flamboyant et pénétrant qui soit. Un frisson me parcourt l'échine. Et puis, nous nous retrouvons, enfin. Les plus beaux moments de la journée sont ceux passés dans ses bras, rien que lui et moi, personne pour nous faire redescendre de notre nuage. C'est tout mon corps qui se met en ébullition. Je deviens incapable de réfléchir. Son souffle devient la plus belle mélodie qui soit. Mon cœur souhaite, une fois de plus, sortir de cette prison. Je crois n'avoir jamais ressenti

L'ascenseur des sentiments

un tel bien-être. Si. L'été dernier. N'importe où il se trouve, je suis bien. Plus rien ne peut me contrarier, je ne souhaite qu'une seule chose à ce moment-là, c'est qu'il soit éternel. J'aimerais que ce soit comme ça toute l'année, que l'on ne se quitte plus et que l'on vive dans la fougue et l'insouciance. Mais l'été a ce don de rendre les instants plus précieux, alors je m'en contente silencieusement.
Nous n'avons pas le même âge, mais il me fait sentir si jeune, si insouciante, je me sens vivre à ses côtés. Ce n'est plus des papillons que j'ai dans le ventre, mais une nuée. C'est tout un lot d'adrénaline qui m'envahit, je me sens belle et séduisante. Et ça fait du bien.

L'été est éphémère et, très vite, les retrouvailles explosives laissent place aux séparations apocalyptiques. Je sais que la fin est là, toute proche. Demain. Je n'en dors pas de la nuit, l'appréhension est trop intense, je n'ai pas envie de partir, pas maintenant. Pourquoi le bonheur est-il toujours plus court que les moments de vide ? C'est comme une récompense dont il faudrait profiter pendant un seul instant, parce qu'on a été patient toute l'année. C'est injuste. Comme si l'on devait se rendre compte de la chance qu'est le bonheur. Je ne peux m'y résigner, je ne peux consentir que j'aille passer la fin de l'été loin de lui. C'est impensable. Je garde la tête froide, mais en moi, je bouillonne. Je sais que ce moment sera inévitable et qu'il faudra bien y faire face à un moment ou à un autre. C'est horrible, tout s'arrête maintenant. Je me sens dépitée, je sais que mon été est terminé, rien ne pourra me rendre aussi heureuse. Toute l'adrénaline retombe, je n'ai plus envie de penser à quoi que ce soit. Nous devons nous dire au revoir. Je ne laisse rien paraître, mais je suis certainement la personne la plus malheureuse sur Terre à ce moment-là. Non, je ne pense pas que ce soit exagéré. Le reste de mes vacances m'importe peu, rien ne sert de faire quoi que ce soit de plus, au vu du vide qui m'envahit. Mon cœur ne veut plus sortir de sa prison, au mieux ce serait pour aller s'enterrer derrière les arbres. Je peux à présent contrôler mes pulsations, elles ne s'emballent plus, en réalité, elles sont à peine palpables. Je n'ai plus la force de tout quitter, je me sens incapable de tout. Je frissonne, mais plus d'excitation. Je frissonne de peur. La peur du vide, la peur de l'abandon, peur d'être seule et de ne plus avoir d'intérêt à me lever le matin. Peur du manque. Car, oui, il me manque déjà. Nous sommes en train de nous quitter et, déjà, je me sens nostalgique. Mon corps doit partir, mais mon esprit veut à tout prix rester. Je retarde le plus possible la séparation, en discutant, en se faisant des promesses qu'on ne tiendra pas forcément. Mes pensées se cramponnent à la maison comme l'on se cramponne à sa mère pour ne pas aller en classe. Elles hurlent qu'elles ne veulent pas partir. Les étoiles dans mes yeux ont rejoint leur ciel, ne restent que mes iris bleutés, qui ne pétillent plus. Je ne sais ce que je vais faire désormais, comment je vais occuper mon été, j'aimerais tellement qu'il m'accompagne. Je ne veux pas m'arracher de ses bras… Et pourtant, je dois m'y tenir. Sa chaleur ne m'habillera plus, je vais avoir froid, constamment… jusqu'au prochain été. L'espoir de se revoir un jour, de revivre ces retrouvailles intenses, passionnelles, et ne plus penser aux séparations.

 Ce sont les montagnes russes de mon cœur. On grimpe, doucement, lentement, on profite du paysage, on apprécie cette adrénaline montante. On a peur, mais on sait que ce sera bon. On ne pense plus à rien autour, on est dans notre bulle et là, on arrive en haut, à la cime du bonheur. C'est l'apogée, l'extase. Pendant un instant, on se sent invincible, la personne la plus heureuse du monde, insouciante, à qui rien ne peut arriver. Puis vient la descente… on crie car on a peur. Mais peur de quoi, on ne sait pas vraiment. Peur de ce qui peut arriver ensuite. Peur de l'incertitude. Toute l'adrénaline de la montée se libère et s'efface pour laisser place au répit. Plus rien ne se passe après, c'est le vide.

Pour une prochaine fois, repartir sur les rails, sur une nouvelle montée et ainsi de suite…

L'espoir de se retrouver. En attendant, le silence pendant des mois... le calme avant la tempête. La tempête la plus sublime qui soit, une tempête que j'attends, avec impatience.

15.

Tableau Bordelais

(Souvenir d'été)

Tableau Bordelais

En cette saison estivale, en plein mois de juillet
Les touristes affluent, main dans la main
Et moi, je vais et viens, émerveillée
Au milieu du pays girondin

Je découvre pour la première fois
Ce paysage aux milles richesses
Et, faisant de moi sa proie,
Il m'envoûte, en liesse

A me prélasser le long des quais
Sous une chaleur éblouissante
Le Pont de Pierre illuminé
Offre une aura flamboyante

Je foule les pavés du port
Au loin, un miroir d'eau
Se couvrant de reflets d'or
Tel un vivant tableau

Il dédouble cet imposant décor
Où la Place de la Bourse étirée
Exhibe sa fontaine emplie de trésors
Et ses longs pavés miroités

Je déambule dans ces ruelles
Où les terrasses s'animent
La vie nocturne nous appelle,
Nous offre une virée ultime

La chance d'un jour de fête
Nous procure un spectacle enflammé
Des feux éclairant les silhouettes
S'éclatent en un céleste bouquet

Et alors qu'elle se pare
De ses plus belles lumières
Je quitte Bordeaux d'un regard
En espérant la revoir, ma chère

16.

VII.I.MMXV

VII.I.MMXV

Une nouvelle année qui commence. La fête, l'effervescence, les abus, la gueule de bois. On vit tous l'excitation du nouvel an, on se souhaite toutes les meilleures choses pour cette année, en se promettant que, cette fois-ci, on sera heureux. Et puis, l'adrénaline retombe, petit à petit, la réalité de la vie reprend le dessus. Chacun retourne à sa routine quotidienne, les bonnes résolutions sont déjà oubliées. Les gens vivent à leur rythme, se réadaptent au métro-boulot-dodo, on a le temps, ça ne fait que commencer.
Mais, le temps s'arrête soudain. Un jour comme un autre, les gens partent travailler, sans se douter que ce jour ne sera plus jamais comme les autres. Sans se douter que certains ne rentreront jamais de leur travail. La routine laisse place à l'incompréhension. Personne ne comprend ce qu'il est en train de se passer à cet instant. On lit tous la même chose et pourtant, personne ne peut donner d'explications. La stupeur, l'affolement. Des vies arrachées en quelques secondes. On trime toute notre vie, on accomplit de grandes choses, on donne de notre personne pendant des années et en trois secondes, tout est fini. Parce qu'on a parlé. Parce qu'on a partagé des opinions. Parce qu'on a ri. Certains pensent avoir le pouvoir de condamner les personnes heureuses.

Les larmes se substituent alors aux rires. On prend conscience de la triste réalité. Un mélodrame sur fond de thriller de mauvais goût. L'atrocité, le carnage, l'horreur. On ne pourra jamais mettre de mots sur ça, cela dépasse toute cruauté. Cette situation est humainement inconcevable. Le choc dépasse la stupéfaction. Le monde n'existe plus autour de nous, on reste pantois quant à ce drame, c'est un pays entier qui retient son souffle. Un pays entier blessé. Et arrive le déni. On se dit toujours que ça n'arrive qu'aux autres. On trouve cela horrible, toujours, mais quand ça devient notre tour, on ne se résout pas à y croire, c'est impossible. Impensable. Pas chez nous, non. Pas de telles horreurs. Mais quand on s'aperçoit de quoi elles sont faites, on se rend compte de la folie qui règne sur ce monde. Une folie qui doit verser son sang, plutôt que celui des autres. Les fous sont capables de tout et ces fous-là, en ce moment, font peur. La peur de la menace. La peur que tout ça ne s'arrête jamais. Toute la nuit, j'ai espéré me réveiller le lendemain et qu'il n'y ait plus de traces de ce massacre. Que tout ça ne soit qu'un affreux cauchemar, et que cette folie-là n'ait jamais débarqué sur notre territoire. Tout le monde espérait se réveiller comme ça le lendemain matin. Et l'espoir fait vivre. Alors, à défaut d'attendre un réveil dans un monde utopique, on se rejoint. Car la meilleure arme contre la mort a toujours été la vie, nous, avons décidé de vivre, et d'espérer ce réveil ensemble. Nous sommes tous blessés, et à ce moment-là, nous sommes tous pareil. Charlie. Nous sommes tous tellement brisés par cette guerre, que nous trouvons simplement le moyen de nous réunir, pour pleurer, certes, mais aussi pour grandir, pour nous élever contre cette folie, contre cette mer rouge. Nous n'avons pas besoin de sang pour nous révolter, il coule bien assez dans nos veines, nous avons juste besoin de nous unir.

    Ils ont donné leur vie pour leur plume. La liberté d'expression se retrouve foudroyée. Malgré ça, nous continuons de nous exprimer. Moi la première. Et, tant que je serai en vie, je continuerai d'écrire. Parce que l'expression est un moyen de libérer nos frayeurs, laissons-nous la liberté. Et n'ayons plus peur.
Ces Hommes ont donné de leurs talents pour nous faire rire, pour nous rajouter une pointe de gaieté dans un monde monotone. Leur humour a contaminé chacun d'entre nous et c'est la plus belle des maladies. Certains à l'humour très noir, se sont crus plus forts que le rire, plus forts que la plume. S'ils savaient, ô combien, nous comptons rire d'eux à présent…ils en retourneraient leurs armes.

Hommage à toutes les victimes de l'attentat de Charlie Hebdo, le 7 janvier 2015. Bravo et respect aux forces de l'ordre qui ont permis

VII.I.MMXV

d'écrire l'épilogue de cette sinistre histoire, le 9 janvier 2015. Vous êtes notre fierté.

17.
Une vie sur la toile

L'aventure et le voyage sont deux choses auxquelles beaucoup de personnes aspirent. Chez moi, c'est mon quotidien. Je sillonne les routes des plus grandes villes de France et des plus grandes capitales d'Europe, chaque semaine, avec mon mentor. Cela fait plus de cinq ans que je vis un peu partout. Et, à chaque endroit où je débarque, je suis admiré par les passants et, surtout, par les touristes. Car nous voyageons beaucoup durant les périodes touristiques, et nous choisissons les spots les plus fréquentés, afin d'attirer le maximum de monde possible et de faire partager notre univers. Moi, je suis le centre de l'attraction, la personne à l'origine de tout, celui qui créé.

Aujourd'hui, nous débarquons à Paris, c'est le printemps et le soleil est radieux. Nous arrivons en fin d'après-midi, ce soir sera le grand soir. Mon mentor prépare les pièces nécessaires à notre spectacle, je sens que ça va être grandiose, nous avons choisi l'une des meilleures places de Paris. Je profite de ce temps libre pour économiser mon talent avant ce soir. Mes plumes sont prêtes, elles ne demandent qu'à briller de milles feux.

Le soir prend place, et nous aussi. Nous nous installons Place du Trocadero, qui nous offre la meilleure vue sur la Dame de Fer. Mon mentor s'installe, et moi, en loge, j'attends avec impatience ma montée sur scène. Je me pare de mes plus belles plumes, sans elles je ne serais rien, tout ça n'aurait pas le même effet. Le maître vient d'ouvrir la porte, ça y est. Il m'invite à monter sur scène. Je me retrouve à la lumière du soir, les rares étoiles illuminent ma robe noire de reflets argentés. Le bal peut enfin commencer. Je glisse sur la scène avec une souplesse digne de celle d'un rat. Mon mentor me fait danser du bout des doigts, et pare mes plumes des plus belles couleurs. Je change sans cesse de costume, me retrouvant ainsi orné de robe bleue comme la nuit, de jupon rouge comme le vin, et de plumes jaunes comme le soleil. Et toutes les couleurs se suivent, se croisent, se délectent sur la toile. J'entends les passants affluer, de plus en plus, ils ont l'air passionnés par le spectacle que je leur offre. Certains s'approchent de plus près, comme pour admirer la finition de mes plumes. D'autres, au contraire, laissent une distance, de crainte de gêner notre représentation, je pense. Je peux percevoir des bribes de conversation, de simples mots prononcés comme des adjectifs qui laissent apparaître le contenu de leurs pensées. Ces dires me flattent et je me mets à virevolter dans tous les sens, comme pour répondre à leurs apologies. Je me sens libre, et lâche tout le talent que j'ai afin de leur en mettre plein la vue. Je me sens admiré, je les vois, ils n'ont d'yeux que pour moi. C'est tellement bon, tellement exaltant. C'est ma vie. Au fur et à mesure, les gens vont et viennent, mais je vois bien que la foule s'épaissit. Et, parfois, lors de mouvements féériques, des applaudissements surgissent dans la foule et salue mon travail. Les couleurs explosent sur scène, c'est magique. Mon mentor a l'air fier de moi et continue de me guider inlassablement. Sans lui, je ne serais rien, je n'existerais pas. Je deviendrais inutile et bon pour la casse. Mais, heureusement, il a su me rester fidèle et moi aussi. Nous accomplissons de grandes choses à deux.

Mais il arrive toujours un moment où le corps ne suit plus. Un moment où on doit arrêter. On le sait, mais on ne peut s'empêcher de retarder la sortie. Tous ces voyages et ces représentations m'ont épuisé au fil du temps. Je perds de mes plumes et, bientôt, je ne servirai plus à grand-chose. Mon mentor le voit bien. Il a beau prendre soin de moi et me préserver au maximum, il ne peut plus faire tout ce qu'il voudrait avec moi. Je limite son travail. D'ailleurs aujourd'hui, je l'ai vu revenir avec une nouvelle recrue. Un outil qui a l'air prometteur. Je ne lui en veux pas, la vie est faite ainsi. Et elle ne dure jamais bien longtemps pour un pinceau. Je vois mon mentor me regarder à regret. Il s'apprête à partir avec le petit nouveau, et me contemple, les yeux plein de souvenirs, plein de nostalgie. On a vécu de nombreuses années ensemble, j'étais son plus grand ami, son fidèle compagnon et il était la même chose pour moi. On a traversé nombre de pays et de villes ensemble, on a réalisé les plus belles œuvres qui existent, et nous avons régalé tant de passants durant toutes ces années. Nous les avons emplis de joie, emplis de doutes, de mélancolie ou d'interrogations, mais nous les avons toujours subjugués. Et alors qu'il me repose dans ma loge, où je ne sais si j'en sortirais un jour, je dis adieu à la toile, et je le vois s'éloigner, pour conquérir d'autres endroits, d'autres cœurs. Adieu l'artiste.

18.
La Rose du sang

La première sur ma liste se prénomme Rebecca. Une belle brune à la chevelure bouclée, comme je les aime. On s'est rencontrés à la fête annuelle donnée par le comité de voisinage du quartier. Cela fait plusieurs semaines que nous nous voyons régulièrement. Depuis la mort de ma femme, je tente de refaire ma vie. Ce weekend, j'ai prévu un séjour sur une ville côtière et nous nous apprêtons à prendre l'avion pour un vol intérieur. Je voulais que ce soit unique et qu'elle s'en souvienne toute sa vie, alors j'ai privatisé ce petit bolide, pour que l'on soit rien que tous les deux, un peu comme des privilégiés. Et pour que ma surprise soit complète, il ne faut personne d'autre pour la gâcher. Nous sommes ainsi là, l'un en face de l'autre, une flûte de champagne à la main. Rebecca a toujours rêvé de sauter en parachute, m'avait-elle confié un jour sur l'oreiller. C'était le moment ou jamais. J'avais tout préparé, réglé les parachutes, ne manquait plus qu'à lui annoncer. Evidemment, quand elle l'a su, juste avant qu'on n'embarque, elle n'a pas hésité une seconde et s'est ruée dans l'appareil. Elle est heureuse, et ça, ça me réjouit. C'est grâce à moi. On dit toujours qu'il vaut mieux partir lorsqu'on a tout. Mourir dans un moment de gloire. C'est ce que je vais lui offrir. La porte de l'avion s'ouvre sur nos silhouettes équipées et nos cheveux au vent. On y est. Elle se retourne vers moi, et me sourit. Je lui offre mon regard le plus noir. Elle ne semble pas comprendre.

- Ne panique pas, lui dis-je. Tout va bien se passer, tu ne sentiras rien. L'air sera tellement vivifiant que tu partiras apaisée.
- Quoi ? Je ne comprends pas...
- Tu es une femme extraordinaire, mais tu lui ressembles trop. C'est trop dur pour moi...

Sans attendre de réponse, je la dirige vers l'ouverture de la porte. Je me poste derrière elle, comme si je m'apprêtais à sauter juste après. Il n'en sera rien. Sa chevelure me fouette le visage, mais je parviens à lui parler à l'oreille.

- Il n'y a pas de parachute dans ton sac. Adieu Rebecca.

Et, d'un geste, franc, je repousse dans les airs ce qui n'était qu'une créature tentatrice. Un long cri accompagne sa descente aux enfers. Je la vois s'éloigner de moi en un éclair, bientôt, elle rencontrera la terre ferme. Elle a disparu au milieu de son rêve, comme on disparaît sur scène. On ne peut rêver mieux. Dans tous les cas, elle ne méritait pas mieux. Comme toutes les autres.

La deuxième sur la liste répond au doux nom de Ollie. Ollie est aussi originale que son prénom. C'est une grande brune aux yeux marron, avec un style tout droit sorti d'un film de Tim Burton. Elle, je l'ai croisée par hasard dans un bar, elle était serveuse. Une mère célibataire, qui accepterait n'importe quel job pour offrir à manger à sa progéniture. C'est ainsi que je lui ai proposé de venir faire le ménage chez moi, de temps en temps. Avec ma maladie et sans ma femme, c'est devenu difficile pour moi d'assurer les tâches quotidiennes. Son aide était donc plus que la bienvenue. Aujourd'hui, elle s'occupe du jardin, à l'arrière de ma maison de banlieue. De l'herbe a poussé depuis, et la nature ne fait pas la différence entre la bonne et la mauvaise. Elle est en train de retirer les mauvaises herbes lorsque je lui propose un rafraîchissement, qu'elle accepte avec ferveur. Par cette chaleur, ça en devient insoutenable. Je sais exactement comment procéder, le schéma s'est répété plusieurs fois dans ma tête, programmant parfaitement la scène. La porte dérobée de la cuisine donne directement sur le jardin, cela me permet d'arriver par derrière sans être vu. Et alors que je marche à tâtons et que j'arrive à sa hauteur, elle se retourne et son visage me fait face. Un visage un peu trop familier à mon goût, que je ne peux plus regarder en face. A peine retournée, je lui enserre le cou de mes dix doigts, lui laissant le réflexe d'ouvrir la bouche pour trouver un air inaccessible. Elle tombe au milieu de ses plantes défraichies et tente de se débattre. Moi, je sens ses veines gonfler sous mes mains, ce pouls qui s'accélère mais que je contrôle à présent. J'ai le pouvoir. Je n'avais cependant pas prévu la ténacité de la jeune femme. Elle se débat, encore et encore. Non, elle ne doit pas s'en sortir. D'une poignée, je gave sa bouche de terre retournée et d'ordures. Elle ne s'en tirera pas comme ça. Je maintiens sa bouche pour qu'elle puisse manger cette mixture à sa faim. Je me réjouis de la voir souffrir ainsi. Elle commence à s'étouffer avec la terre. Sous ma main gauche, je sens son pouls ralentir. Son visage devient rouge de douleur, ses yeux veulent s'extraire de leur orbite. Ses bras et ses jambes se cambrent, elle est tétanisée. Puis retombent, ses yeux révulsés font le reste. Je desserre mon étreinte, après l'effort, le réconfort. Je bois mon rafraichissement en contemplant le bout de mon jardin, si vert et qui, désormais, abrite sous ses fleurs une nouvelle résidente.

La troisième inscrite sur cette liste s'appelle Sarah. Sarah est une grande amie de ma femme, que je n'ai jamais aimée. Elle venait souvent à la maison et devenait parfois envahissante. Après l'accident, elle a tenté de me recontacter, mais je n'ai jamais répondu et ne l'ai jamais revue. Elle était brune elle aussi, toutes deux avaient les mêmes traits, les gens les prenaient souvent pour des sœurs et elles savaient en jouer. Je ne peux pas la laisser continuer sa vie tranquillement et, c'est décidé, elle rejoindra sa tendre amie, elle aussi paiera. J'avais pour habitude de récupérer ma femme chez Sarah le soir, après m'être inquiété de sa longue absence. Ses heures passées à discuter chez elle lui faisaient perdre toute notion du temps, et elle tardait à rentrer à la maison. Elles étaient tellement proches que Sarah lui avait fait un double de ses clés de maison, naturellement. Ce double était resté chez nous, même après sa mort, un peu comme ces objets que l'on range dans une boîte en cas de nécessité tout en sachant que c'est inutile. Eh bien, je ne sais pourquoi, ces clés étaient toujours là. Jusqu'à aujourd'hui. Je sais désormais à quoi elles vont me servir, et elles seront sans le savoir, le passeport pour la plénitude de mon âme. Sarah vit à deux quartiers d'ici. Une fois garé devant chez elle, j'attends et réfléchit une dernière fois. Il fait nuit, c'est le début de soirée, et je me souviens qu'elle ne voulait pas que ma femme l'appelle à cette heure-là car elle se prélassait dans un bain moussant, clou de son éreintante journée. Avec un peu de chance, elle aura gardé ses habitudes. Elle va être surprise de me voir, après tant d'années. J'ouvre la porte à l'aide du double et m'introduis discrètement. La télé est restée allumée mais personne dans le salon. Il fait obscur, quelques bougies font office de clarté. J'entends des bruits venant du fond. A pas de loup, je parcours le couloir, et me rapproche de la salle de bains. Elle est là, je l'entends. Elle chantonne innocemment. La porte est entrouverte, je tente un œil pour observer ma proie. Elle a l'air détendue. C'est le moment. Je pousse la porte et en une fraction de seconde, je la vois lever brusquement la tête, me regarder comme si je revenais d'entre les morts, me demander ce que je fais là, et prendre peur. D'un pas déterminé, je m'avance vers la baignoire et lui attrape les épaules.

- Salut, Sarah, content de te revoir.

Et mes bras font le reste. Je coule ses épaules et sa tête jusqu'à ne plus voir que ses cheveux flotter dans l'eau. Elle me prend les poignets, tentent de les repousser. Elle se débat, et l'instabilité de l'eau me donne des difficultés supplémentaires. Je tente de la maîtriser, alors qu'elle agite ses jambes hors de l'eau, et m'éclabousse ardemment au passage. Ces jets d'eau viennent comme un vent de fraîcheur, dans un moment si tenace. Je vois les bulles remonter à la surface, sa bouche s'ouvre à travers l'eau et ses yeux noyés m'implorent. Elle parvient à reprendre son souffle quelques secondes, avant que je ne reprenne le contrôle et que je remette toutes mes forces pour la noyer. Ses jambes virevoltent, elle noie les murs en même temps que sa propre vie. Je tiens bon, plus que quelques secondes. Ses jambes ralentissent leur mouvement, s'adossent au mur, pour ensuite glisser tout du long et rejoindre leur milieu aquatique. Les bulles se font de plus en plus petites, rares, puis invisibles. J'attends que ses mains se desserrent de mes poignets et se relâchent dans l'eau, pour lâcher prise à mon tour. Je referme le rideau de douche, je me sèche les mains et évacue le double des clés dans les toilettes. Et je crois que tout ça m'a donné envie d'un bon bain chaud.

La quatrième et dernière sur ma liste est baptisée Eliane. Elle est libraire dans une petite boutique indépendante, un peu plus loin d'ici. Elle aussi ressemble beaucoup à ma femme, une brune aux cheveux bouclés. C'est pour cela que je suis fidèle à cette librairie, où j'achète mon journal tous les deux jours. Entre temps, je change d'endroit. Question de sécurité. J'arrive, armé de ma boîte d'allumettes et me dirige vers le fond de la boutique, derrière une colonne de bibliothèque en bois. Ici, toutes les poutres et autres piliers sont d'origine et, la librairie étant assez ancienne, le bois fut conservé pour un aspect purement esthétique. Et tellement plus pratique pour moi. Faisant mine de chercher un livre particulier, je sors la petite boîte de ma poche et craque discrètement une allumette. Eliane est en train de lire une revue à son comptoir, elle n'y voit que du feu. Je dépose une allumette sur un livre, une deuxième sur un autre, et ainsi de suite, ça commence à s'embraser. J'ai juste le temps de m'attaquer aux poutres en bois, qu'Eliane relève la tête d'un air suspect et dévoile son odorat. Tout s'embrase très vite, je m'extirpe des flammes naissantes, l'air apeuré vers Eliane.

- Ça vient du fond je crois, je lui crie.

Ne sachant que faire, elle court vers le fond de la librairie mais déjà, un morceau de poutre se détache. L'odeur de fumée devient très forte, et envahit très vite la petite boutique. Eliane se recule des poutres et court vers la sortie, mais je suis déjà dehors. La porte fermée à clé, elle tire sur la poignée, en vain. Elle me supplie des yeux de la laisser sortir, me demande du regard pourquoi je fais

ça. Elle m'appelle, tambourine à la porte vitrée, comme pour m'implorer. Mais je reste impassible. Je ne peux pas empêcher ça. Et alors que je vois les flammes grandir, je vois le visage d'Eliane transpirer, le reflet des flammes la fait goutter comme une bougie.

- Je suis désolé.

Il en faut peu aux flammes pour s'embraser de plus belle et tout envahir. Je me recule vers le trottoir d'en face et, à l'abri, contemple le spectacle. Les flammes virevoltent, dansent en occupant toute la scène et je vois Eliane fondre, hurler, espérer que quelqu'un passe. La chaleur l'envahit et son corps n'est bientôt plus que feu et cendres. En une véritable torche humaine, elle est engloutie par l'Enfer. Puis, une explosion, qui sonne le glas de son existence. Et le début de la mienne.

Aujourd'hui, je suis seul. Seul, et humilié. J'ai perdu ce que j'avais de plus cher au monde, par un tragique accident. J'ai perdu la seule femme que j'aie jamais aimée. Je l'ai pleuré, pendant des semaines. Ma Rose. Et pourtant, elle m'a pris pour un idiot, toutes ces années de vie commune. Forcément, les femmes préfèreront toujours goûter aux plaisirs de la chair jeune et fraîche, plutôt que de celle pourrie d'un cancer en stade avancé. Que voulez-vous faire d'un quarantenaire déjà au bout de sa vie ? Toutes ces années à me battre, alors qu'elle profitait de ce qui m'était inaccessible. Je ne me lève plus avec le chagrin, mais avec la haine au fond de moi. Ces femmes, ces Rose ambulantes, ne sont que des tentatrices et des traîtresses. Elles ne méritent pas d'être aimées. J'ai accompli ma vengeance. La Rose des vents, des quatre éléments. L'air, l'eau, la terre et le feu.

La Rose du sang

Rebecca, Ollie, Sarah, Eliane. Toutes des images de ma femme. Et de la poussière désormais.

SOMMAIRE

LE MONUMENT DES LEVRES CLOSES	1
BELLE EGYPTE	7
LA CONFESSION SILENCIEUSE	13
LE JOUEUR	19
LES PROMENEURS	25
RONCES ET CHIMERES	35
ELOGE PARISIENNE	39
SEDUCTION MORTELLE	45
LA VALSE DES EMOTIONS NEGATIVES	53
HUG ME	59
LE THEATRE DES ADIEUX	65
DORIAN OU LA MEGALOMANIE PERSONNALISEE	69
UN MEDECIN À LA MAISON BLANCHE	75
L'ASCENSEUR DES SENTIMENTS	85
TABLEAU BORDELAIS	93
VII.I.MMXV	97
UNE VIE SUR LA TOILE	103
LA ROSE DU SANG	109